Patricia H. Sprinkle

Abschied von der Superfrau

*Befreien Sie sich
von übersteigerten Erwartungen*

W0052416

Patricia H. Sprinkle

Abschied von der Superfrau

*Befreien Sie sich
von übersteigerten Erwartungen*

SCHULTE & GERTH

Die amerikanische Originalausgabe erschien im Verlag
ZondervanPublishingHouse, Grand Rapids, Michigan
unter dem Titel „Women Who Do Too Much".
© 1992 by Patricia Houck Sprinkle
© der deutschen Ausgabe 1999 Gerth Medien, Asslar
Aus dem Amerikanischen übersetzt von Mechthild Bruchmann.

Best.-Nr. 815 534
ISBN 3-89437-534-5
1. Auflage 1999
Umschlaggestaltung: Ursula Stephan
Satz: Die Feder GmbH, Wetzlar
Druck und Verarbeitung: Schönbach Druck
Printed in Germany

Inhalt

Vorwort

Dieses Buch richtet sich an Frauen, die wissen, dass sie zu viel arbeiten. Es soll mit der falschen Vorstellung aufräumen, dass Arbeiten, die getan werden müssen, nur von Ihnen, liebe Leserin, allein erledigt werden können. Es soll helfen, mit Gottes Hilfe herauszufinden, wer Sie in dieser Welt sein und was Sie tun sollen und wie Sie sich auf die Ihnen zugedachten Aufgaben beschränken können. Ich bete dafür, dass Sie, die Sie dieses Buch lesen und sich mit den Aufgaben zu den einzelnen Kapiteln beschäftigen, in Zukunft nicht nur besser „funktionieren", sondern auch wirkungsvoller arbeiten.

„Abschied von der Superfrau" entstand nach einem Workshop, den ich 1989 zu diesem Thema hielt. Damals arbeitete ich ganztags außer Haus in meiner Heimatstadt in Georgia, wobei ich einmal jeweils eine Woche im Monat zu unserer Hauptverwaltung nach Kentucky fliegen musste, reiste häufig quer durch die ganzen Vereinigten Staaten, um Vorträge über den Hunger in der Welt zu halten, schrieb an meinem zweiten Roman, war Mutter für meine beiden acht- und elfjährigen Söhne und half ganz nebenbei auch meinem Mann, der als Pastor in unserer Ortsgemeinde tätig war. Ich fühlte mich aber keineswegs besonders gestresst, obwohl ich ganz und gar keine „Superfrau" bin.

Noch vor fünfzehn Jahren sah das anders aus. Ich war davon überzeugt, jede gute Tat für jede gute Sache, die mir in die Quere kam, anpacken zu müssen. Folglich plagte ich mich ständig mit Schuldgefühlen herum, denn gleichgültig, wie viel ich auch tat, ich leistete nie genug. Schließlich wandte ich mich in meiner Verzweiflung an Gott und schrie zu ihm: „Ich kann nicht mehr! Hilf mir und nimm mir die Lasten ab!" Daraufhin nahm Gott mich in seine Schule. Ich lernte ganz neu, mit meiner Zeit umzugehen und erkannte Prinzipien und Methoden, die es mir heute ermöglichen, meine Aufgaben in einem bestimmten Rahmen zu halten und sie in Ruhe, oft sogar mit Muße, zu erledigen.

1989 bekam ich das Bedürfnis, meine Erfahrungen weiterzuvermitteln – nicht im Sinne fertiger Antworten oder todsicherer Methoden, sondern von Prinzipien und Verfahrensweisen, mit deren Hilfe auch andere Frauen ihren Alltag besser bewältigen und den Stress abbauen können. Diese Prinzipien und Verfahren lassen sich von allen Frauen anwenden, sei es, dass sie Hausfrauen sind, im Büro oder in der Gemeinde arbeiten. Sie gelten für verheiratete Frauen und Singles, für Frauen mit und ohne Kinder, für alte und für junge Frauen. Ja, sie lassen sich sogar auf Männer anwenden. Ich schreibe jedoch bewusst für Frauen, weil ich ihre Situation aus erster Hand kenne.

Nach dem Workshop baten mich einige Teilnehmerinnen, diese Prinzipien und Methoden aufzuschreiben. Wiederum flehte ich Gott um Hilfe an und beschloss schließlich, es zu versuchen. Gott schenkte mir eine Antwort.

Gottes Hilfe zu diesem Buch bestand nicht gerade darin, dass mir die Worte nur so aus der Feder flossen. Im Gegenteil, der Stress innerhalb unserer Familie wuchs. Bob verlor seine Arbeitsstelle und war fast ein Jahr lang arbeitslos. Mein Zeitvertrag lief ebenfalls aus. Unser Keller wurde bis zur Türklinke überflutet. Als Bob endlich eine neue Stelle fand, musste er nach Florida umziehen. Ich blieb mit den Kindern bis zu deren Schulabschluss in Georgia zurück. Wir zogen an dem Wochenende nach, an dem auch mein Klassentreffen stattfand, sodass Bob mit dem Möbelwagen nach Florida unterwegs war, während ich in entgegengesetzter Richtung nach New York flog. Das Haus, das wir verlassen mussten, hatten wir selbst entworfen und gebaut. Jetzt zogen wir in ein einfaches und altes Haus. Ich schrieb den ganzen Sommer hindurch bei offener Tür zum Spielzimmer meiner gelangweilten Kinder, die sich in der neuen Stadt einsam und verloren fühlten. Zwei Fahrräder wurden uns gestohlen. Sechs Wochen, nachdem wir in Florida eingezogen waren, erhielt Bob einen Ruf zu einer Gemeinde nach Alabama. Er zog im September um, und ich blieb zurück, um dieses Buch zu beenden. Und wieder war es an mir, die Bedürfnisse meiner Kinder, Hausfrauenpflichten und die ganzen Maklertermine unter einen Hut zu bringen. Jeden Abend fragte ich mich: „Was kommt wohl morgen auf mich zu?" Wenn ich das schreibe, möchte ich keineswegs bedauert werden. So ist das Leben nun einmal. In diesen achtzehn Monaten konnte ich selbst erproben, ob die Prinzipien, die ich in diesen Kapiteln darlege, tatsächlich etwas taugen. Ich war damals rund um die Uhr beschäftigt und hatte keinen Augenblick Ruhe, und doch ließ ich mich von der Arbeit nicht niederdrücken.

Als ich scherzhaft meinen Kindern gegenüber äußerte, dass Gott meinen Stress verdoppelt hätte, damit ich meine Prinzipien austesten könne, erwiderte mein 13-jähriger nachdenklich: „Nein, Mama, das glaub ich nicht. Gott denkt bestimmt: ‚Das soll Stress sein? Was soll ich denn da sagen? Ich muss mich schließlich um das ganze Universum kümmern, mit all den Drogenhändlern, hungernden Menschen, Kriegen und Erdbeben! Und du glaubst, du hast Stress?' Wir haben vielleicht Stress, Mama, aber für Gott ist er noch viel schlimmer!"

Diese Perspektive machte mir wirklich Mut. Wir alle sollten uns daran erinnern: Ganz gleich, wie schlecht es uns gerade gehen mag, anderen Menschen (und Gott) geht es schlechter. Durch die Belastungen, durch Gott und meine Kinder ist dieses Buch ein sehr ehrliches Buch geworden.

Gott hatte noch ein ganz besonderes Geschenk für mich bereit. Ich bekam die Gelegenheit, zu meinem Buchthema vierzehn Frauen zu interviewen. Einige davon waren neue Freundinnen, andere bewunderte ich seit langem wegen ihres großen Arbeitsvolumens, das sie mit sichtlich wenig Stress bewältigten. Ihre Erfahrungen haben mein Buch bereichert. Sie werden sie auf den nächsten Seiten kennen lernen. Im Anhang B habe ich außerdem einige kurze biographische Angaben zu jeder Frau gemacht.

Suchen Sie sich jetzt ein ruhiges Plätzchen und nehmen Sie Bibel, Bleistift, Schreibblock oder Notizbuch zur Hand (Sie werden viel Papier brauchen). Nehmen Sie sich einen ganzen Tag oder einige Vormittage Zeit für Gebet und Stille, in denen Sie diese Seiten durcharbeiten können. Gott hält einige Überraschungen für Sie bereit. Sie müssen nicht alles allein machen!

Kapitel 1
Allen alles werden?

Sind Sie ständig beschäftigt und haben doch den Eindruck, nicht genug zu schaffen? Nehmen Sie sich häufig etwas vor und werden dann von den Bedürfnissen anderer Menschen derart vereinnahmt, dass Sie Ihren eigenen Bedürfnissen nicht gerecht werden? Fassen Sie Vorsätze wie beispielsweise: „Ich will zehn Pfund abnehmen", oder „Ich mache demnächst Frühjahrsputz", oder „Ich werde mir eine sinnvollere Arbeit suchen", und stellen dann fest: Ich habe nur noch mehr Schuldgefühle?

Wenn das zutrifft, dann sind Sie eine ganz normale, stressgeschädigte Frau.

Die Hauptlast von Kochen, Putzen, Waschen liegt auch heute noch bei uns Frauen; außerdem üben wir alle möglichen Ehrenämter aus. Wir gebären Kinder und sind in den meisten Fällen in erster Linie für deren Versorgung und Erziehung verantwortlich. Mütter chauffieren und backen für Schulfeste. Ehefrauen agieren als Partnerinnen und Gastgeberinnen ihrer Männer. Mehr als die Hälfte aller verheirateten Frauen arbeitet zusätzlich halbtags oder ganztags. Allein erziehende Mütter schlagen sich allein mit den Finanzen, der Haushaltsführung, allen möglichen Problemen und Ärger herum und sind oft noch durch eine Arbeit außer Haus belastet. Von kinderlosen, allein stehenden und verwitweten Frauen werden Überstunden am Arbeitsplatz oder in Hilfsorganisationen verlangt, denn „schließlich haben sie ja keine Familie, für die sie sorgen müssen". So werden sie zuweilen noch indirekt (und manchmal sogar ziemlich direkt) dazu gedrängt, sich eine Familie „anzuschaffen".

Für christliche Frauen ist das Problem häufig noch größer. Für uns kommen die Aktivitäten unserer Gemeinde hinzu, d. h. Sonntagsschule oder Bibelstunden halten, an Gemeindeveranstaltungen teilnehmen, Suppe an Obdachlose ausgeben und im Chor singen – Aufgaben, die unser Tagesprogramm ausfüllen. Wir bemühen uns, „fröhliche Geber" zu sein, die „ihre Leiber als lebendige Opfer darbringen". Aber unsere Leiber sind so erschöpft! Wie steht es mit Liebe, Freude, Frieden und den anderen Früchten des Heiligen Geistes, die uns in Galater 5,22–23 verheißen werden? Für viele Frauen heute ist die einzige Frucht des Geistes, die sie kosten, die Langmut!

Weil die meisten von uns mehr oder weniger glauben, dass man von uns erwartet, dass wir „Superfrauen" sind, wird unsere Erschöpfung noch durch Schuldgefühle verstärkt. Sechs Frauen, die sich nach langer Zeit bei einem Klassentreffen wieder sahen, hatten trotz der unterschiedlichsten Lebenserfahrungen, die sie sich in den letzten zwanzig Jahren gemacht hatten, alle eines gemeinsam: Sie litten unter Schuldgefühlen. Woraus resultierten diese Schuldgefühle? Keine der Frauen war der Meinung, dass sie genug geleistet hätte. Kommt Ihnen das bekannt vor?

Die Superfrau, die in uns wohnt, steht jeden Morgen auf und versucht, alles zu tun, was andere von uns fordern und erwarten (und natürlich auch ein wenig von dem, was sie selber tun möchte). Abends fällt sie todmüde ins Bett und zählt die Dinge auf, die sie nicht geschafft hat und schämt sich dann ihrer eigenen Schwäche und ihres persönlichen Unvermögens.

Der Grund, warum wir uns so am Ende fühlen, ist ganz verständlich: Gott hat nämlich niemals von uns verlangt, dass wir Superfrauen sein sollen. Wir sollen auch nicht vom Stress allein leben.

Stress an sich ist gottgegeben. Geraten wir in eine Situation, die mehr Energie als normal von uns verlangt, produziert unser Körper besondere Hormone und Blutzucker, damit wir der Herausforderung gewachsen sind. Auf diese Weise schaffen wir die letzten Stunden eine endlos scheinenden Besprechung, die Presswehen einer Geburt und die vielen schmutzigen Töpfe und Pfannen nach einer Familienfeier. Aber wenn der Hormonschub und die zusätzlichen Zuckerreserven verbraucht sind, fühlen wir uns völlig ausgelaugt – selbst wenn wir Spaß an der Herausforderung hatten. Darum sind wir genauso erschöpft nach der Geburt eines Kindes oder dem Erhalt der lang ersehnten Beförderung wie nach einem harten Arbeitstag.

Stress funktioniert normalerweise folgendermaßen: Wir erkennen eine Herausforderung, setzen die notwendige Energie für die Bewältigung der Aufgabe frei, packen zu und – fallen um, ehe wir die nächste Aufgabe in Angriff nehmen können. Was uns fertig macht und was wir als „Stress" bezeichnen ist nicht diese eine Aufgabe, sondern die Tatsache, dass wir Tag für Tag zu viele Anforderungen ins Auge fassen und unsere Zeit nicht für alle ausreicht.

In einer Frauengruppe haben wir darüber gesprochen, wie stark wir Frauen durch alle Anforderungen des Lebens in Anspruch genommen sind. Als wir zu dem Schluss kamen, dass Gott bestimmt nicht gewollt hat, dass wir ein hektisches oder gar chaotisches Leben führen, meinte eine der Frauen: „Aber heißt es nicht in der Bibel, dass wir ‚allen alles' sein sollen?" (Dieser Vers ist ein gutes Beispiel dafür, dass wir die Bibel im Zusammenhang lesen müssen.)

Es ist leider die traurige Wahrheit, dass dies einer von vielen Versen in der Bibel ist, mit dem Christinnen ihren Übereifer erklären. Wir meinen, dass wir „allen alles" sein müssten.

Wenn wir uns aber 1. Korinther 9,22 einmal näher anschauen, stellen wir fest, dass wir ganz im Gegensatz zu dem Lebensstil des Paulus leben. Er schreibt: „Ich bin allen alles geworden, damit ich auf alle Weise einige rette." Er sagt nicht: „Ich habe alles für jeden und alle getan." In Wirklichkeit tat Paulus sehr wenig für die Menschen, sondern nur das, was Gott ihm gebot. „Rette einige!" Um das zu erreichen, war er bereit, seinen persönlichen Geschmack in Bezug auf Kleidung, Speisen und sogar auf religiöse Gewohnheiten hintan zu stellen. Paulus entschied, *was* er unter der Führung Gottes für andere tat. Zuweilen ließ er andere Menschen entscheiden, *wie* es getan wurde.

Wir dagegen manifestieren unsere Persönlichkeit durch unsere Kleidung, unsere Wohnungseinrichtung und unseren Lebensstil. Wir verteidigen unsere religiösen Praktiken ohne Rücksicht. Und auf der anderen Seite lassen wir zu, dass andere – Familienmitglieder, Arbeitskollegen, Glaubensgeschwister oder die neuesten Bücher auf dem Markt zum Thema „Selbstverwirklichung" – Ziele für uns stecken und unsere Anforderungen an uns selbst bestimmen. Gefangen zwischen widersprüchlichen Bedürfnissen und Anforderungen verschwenden wir viel Zeit und Energie in dem Versuch, die Menschen in unserem Umfeld glücklich zu machen.

* * * * * * * * * * * * * * * * * *

Die kluge Frau weiß:
„Man kann nicht alle glücklich machen."

* * * * * * * * * * * * * * * * * *

Beth meint dazu: „Ich dachte immer, ich sei gestresst durch meine vier Kinder. Mein Mann ist Leiter einer Bibelschule, und dadurch haben wir oft Studenten und die verschiedensten Gruppen bei uns zu Hause. Die ständigen Anforderungen hielten mich in Trab. Aber vor kurzem habe ich herausgefunden, dass der meiste Stress ganz tief in mir selber steckt. Das hebräische Wort, das wir mit ‚Sünde' übersetzen, bedeutet ‚verdreht'. Gott hat mir gezeigt, dass ich allen Menschen gefallen wollte. Das ist eine verdrehte Ansicht. Jahrelang versuchte ich, die Balance zwischen Ehemann, Kindern, unserer großen Familie und unserem Freundeskreis zu halten. Jetzt lerne ich gerade, dass ich einzig und allein Jesus gefallen möchte. Ich versuche herauszufinden, was Gott will, das ich tun soll – und bemühe mich, auch nur das zu tun. Dann mache ich mir, wenn ich mit einem Menschen zusammen bin, keine Gedanken mehr darüber, dass ich vielleicht in diesem Moment irgendwo anders sein sollte oder dass irgendwer unglücklich sein könnte über das, was ich gerade tue."

Auch Jesus hat nicht jeden glücklich gemacht. Die Pharisäer beschwerten sich über seine Einstellung. Seine Mutter und seine Brüder waren so aufgebracht gegen ihn, dass sie ihn zu sich nach Hause holen wollten. Seine Jünger versuchten, ihm auszureden, nach Jerusalem zu gehen: Es kam ihnen wie ein Selbstmordversuch vor. Hat Jesus sich durch diese Widerstände von seinen Zielen abbringen lassen? Keineswegs! Darum konnte er zuletzt beten: „Vater, ich habe dich verherrlicht auf Erden und das Werk vollendet, das du mir gegeben hast, damit ich es tue" (Johannes 17,4). Wünschen Sie sich nicht auch, das am Ende Ihres Lebens sagen zu können? Wäre es nicht schön, wenn unsere Gesichter die Freude und das Vertrauen einer Mutter Teresa ausstrahlen würden? Wenn wir das ausführen, wozu wir bestimmt sind, können wir auch solch eine Ausstrahlung haben. Das heißt jedoch nicht, dass wir alle für denselben Dienst berufen sind oder uns ein Leben lang an eine einzige Aufgabe binden müssen.

Viele Frauen haben mir berichtet, wie sie gelernt haben, mit Stress umzugehen, und dabei habe ich erfahren, dass Stress sich für jeden anders äußert und nicht immer gleich aussieht. Es gibt vielmehr verschiedene Zeitabschnitte in unserem Leben, die in unterschiedlicher Reihenfolge kommen. Eine Folge solch verschiedener Lebensabschnitte könnte so aussehen: die Zeit der Ausbildung, die Zeit der Arbeit, die Zeit der Liebe, die Hochzeit, eine Zeit des Kummers und der Sorgen, eine Zeit der neuen Perspektiven, eine Zeit mit kleinen Kindern, eine Zeit mit Jugendlichen, eine Zeit, in der Kinder zu Erwachsenen werden, eine Zeit des Hausbaus, eine Zeit des Loslassens, eine Zeit großer Produktivität, eine Zeit des Nachdenkens und der Reife, eine Zeit der Verantwortung für die Welt, eine Zeit des Ausruhens.

Jede Phase in unserem Leben hat ihren eigenen Stress – und ihre eigene Dauer. Selbst wenn wir uns zeitweise vorstellen, dass wir immer die verkleckste Wäsche unserer Kleinen waschen, unser Leben lang um einen Menschen trauern werden oder bei ein und derselben Arbeitsstelle bleiben, diese Zeit wird dennoch vergehen. Wir können nicht genau sagen, welche Zeit danach folgen wird, denn jeder Mensch ist einmalig und von einem liebenden Gott individuell erschaffen, der uns Talente, Fähigkeiten und Schwächen gegeben und uns in ein Geflecht von Beziehungen und Aufgaben hineingestellt hat.

Wenn wir mit den verschiedensten Stresssituationen in allen Lebensabschnitten fertig werden wollen, müssen wir mit Prediger 3,1 sagen: „Ein jegliches hat seine Zeit, und alles Vorhaben unter dem Himmel hat seine Stunde."

Wir müssen jeden momentanen Zeitabschnitt als den Teil eines großen Ganzen ansehen. Und jeden Zeitabschnitt müssen wir voll ausleben, all seine Freuden auskosten und alle darin enthaltenen Lektionen lernen. Dann müssen wir diesen Zeitabschnitt vorüberziehen lassen und uns auf einen neuen einstellen.

Die Frauen, die ich zu diesem Buch befragt habe, berichteten von vielen verschiedenen Wegen, auf denen sie gelernt haben, mit Stress in den einzelnen Lebensabschnitten umzugehen. Beim Zuhören wurde mir bewusst, dass dieses Buch keine Wege vorschreiben darf, sondern nur Wege beschreiben – also von Lebensabschnitten berichten in der Hoffnung, dass jede von uns eigene Antworten zur Stressbewältigung in ihrem persönlichen Leben finden wird. Es kann und darf nicht sein, dass wir eine Pauschalantwort für alle Frauen finden.

Natürlich ähnelt sich unsere Lebenssituation auf die eine oder andere Weise. Wir alle leben in dieser Welt mit ihrer rasanten Entwicklung. Wir alle haben einen Vierundzwanzig-Stunden-Tag und eine Sieben-Tage-Woche. Wir alle werden älter. Wir alle haben Träume, wir alle haben Hoffnungen. Wir alle können einiges ändern, um den Stress in unserem Leben abzubauen. Kapitel sechs und folgende sprechen einige dieser Veränderungen an. Aber zuerst lassen Sie uns prüfen, wodurch Stress verursacht wird und was unser Leben bestimmt.

Nachdenkenswertes

Holen Sie sich Ihre Bibel, einen Bleistift und einen Notizblock. Am besten suchen Sie sich ein bequemes Plätzchen und machen Sie es sich bei Ihrem Lieblingsgetränk gemütlich. Nehmen Sie sich vor allem Zeit!

Wodurch entsteht Stress?

Vielleicht erkennen Sie Ihre Situation in den Aussagen dieser Frauen wieder:

Anne: „Meine Mutter erledigte alle Hausarbeiten allein. Daher wollte auch ich diesem selbst auferlegten Anspruch unbedingt genügen. Bloß hatte ich neben meinem Haushalt eine volle Stelle als

Lehrerin und zwei Kinder mit einer chronischen Krankheit, deren Pflege viel Zeit erforderte. Daneben wollte ich auch noch einige eigene Aktivitäten in meinem Zeitplan unterbringen. Das musste einfach in Stress ausarten."

Gloria: „Dieses Jahr stand ich unter einem unglaublichen Stress. Meine 90-jährige Mutter war wegen verschiedener Angelegenheiten insgesamt zehn Mal im Krankenhaus. Schließlich mussten wir sie zu uns nehmen. Das bedeutete für uns, dass wir unser altes Haus verkaufen und ein neues kaufen mussten. An unserem Umzugstag hatten wir einen Autounfall, bei dem ich mehrere Verletzungen davontrug. Mutters Krankheit erforderte permanente häusliche Pflege, sodass ich einen Betreuer für sie finden musste, während ich zur Arbeit ging. Kurz nachdem wir von der Schulabschlussfeier unseres jüngsten Sohnes aus Virginia zurückkehrten, starb meine Mutter. Wir beerdigten sie einen Tag vor unserer lang geplanten ersten Europareise. Sechs Wochen nach unserer Reise wurde mein Mann in den Ruhestand versetzt. Wenn das kein Stress ist!"

Shirley: „Wir verloren unser erstes Kind mit sechs Wochen durch plötzlichen Kindstod. Als unser jüngstes Kind fünf Jahre alt war, endete unsere Ehe in Scheidung. Ich musste zu meinen Eltern ziehen und eine Arbeit finden, um mich und meine vier Kinder durchzubringen. Das bedeutete für mich, dass ich mir auf einmal mein Leben ganz neu aufbauen musste. Was für ein Stress! Ich weiß nicht, was passiert wäre, wenn ich nicht zum Glauben an Jesus Christus gekommen wäre."

Donna: „Durch einen bösartigen Gehirntumor verlor mein Mann seine Arbeit. Dadurch hat sich natürlich auch unsere Beziehung zueinander verändert. Wir gingen innerlich ganz verschiedene Wege, um mit der Krankheit fertig zu werden. Zwischen uns war eine Kluft entstanden, die wir nie gekannt hatten. Es war außerdem ein Wunschtraum von uns gewesen, gemeinsam ein eigenes Geschäft aufzumachen. Als mein Mann krank wurde, hatten wir nicht mehr die nötigen finanziellen Mittel. Es traf uns beide unheimlich schwer, dass wir gerade dann das Geschäft verkaufen mussten, als er sich bereits wieder auf dem Wege der Besserung befand."

Bonnie: „Meine körperlichen Beschwerden beeinflussen mein

Selbstbewusstsein und meine Zeiteinteilung, denn ich brauche jetzt für alles unendlich viel länger Zeit. Ich muss jede einzelne Bewegung planen, damit ich Energie und Zeit spare. Auch habe ich mit dem Alleinsein zu kämpfen. Früher war das nicht so schlimm, aber jetzt denke ich, wenn ich ein Pärchen sehe: ,Warum habe ich denn keinen Partner, Herr?'"

Einige der häufigsten Stressauslöser sind:
- zu viel Verantwortung
- Selbstüberschätzung
- Zeitdruck
- zu viele Verpflichtungen
- Kollegen bzw. Mitarbeiter
- der Drang, alles 100 % machen zu wollen
- ungelöste Probleme
- familiäre Probleme
- Unterbrechungen
- Ruhestand
- Berufliche Probleme
- ständige Belastungen
- Ungewissheit
- Dinge, die auf die lange Bank geschoben wurden
- schlechte Neuigkeiten
- Niederlagen
- Stress im Straßenverkehr
- finanzielle Probleme
- Freunde

Stress-Analyse
Listen Sie alle augenblicklichen Stressauslöser auf und beginnen sie mit groben Kategorien wie beispielsweise: Zu viele Verabredungen – Mein Mann – Mein Beruf. Lassen Sie unter jeder Überschrift Platz für Einzelheiten. Fragen Sie sich dann: Was genau löst den Stress in jeder dieser Kategorie aus? Schreiben Sie danach jeden einzelnen Faktor auf.

Für mich hieße beispielsweise im Augenblick eine dieser Rubriken: „Meine Kinder". Darunter würde stehen:

- Umzug, keine neuen Freunde
- Sommer, keine Schule, zu heiß, um draußen zu sein
- zu viel Fernsehen oder zu viele Computerspiele
- häufige Unterbrechung meiner Arbeit

Überprüfen Sie Ihre Liste

Ich erkenne aus meiner Liste, dass es im Grunde nicht meine Kinder sind, die mich ärgern, sondern deren momentane Situation, die in diesem Sommer Stress auslöst. Zu einer anderen Zeit hätte ich wahrscheinlich: Gejammer, Ungehorsam, wenig Sportbegeisterung oder schlechte Beziehung zu einem bestimmten Lehrer aufgelistet, persönliche Probleme also, an denen wir bereits gearbeitet haben.

1. Welche Ihrer Stressfaktoren sind situationsbezogen? Markieren Sie diese mit einem S.
2. Welche Ihrer Stressfaktoren werden durch Personen ausgelöst? Markieren Sie diese mit einem P. Einige Stressfaktoren haben sowohl ein S als auch ein P.
3. Beten können wir für alle Situationen. Können Sie etwas gegen Ihren Situations-Stress unternehmen? Wenn ja, dann vermerken Sie ein J zum situationsbezogenen Stress (S-J). Falls nicht, dann schreiben Sie ein N dazu (S-N).
4. Wird Ihr personenbezogener Stress ausgelöst durch:
   - Menschen, die Anforderungen an Sie stellen? Dann fügen Sie ein A hinzu (P-A).
   - Menschen, für die Sie sich verantwortlich fühlen? Dann fügen Sie ein V hinzu (P-V).
   - Menschen, denen Sie sich selbst zu stark verpflichtet haben? Dann fügen Sie ein S hinzu (P-S).

Wenn Sie die Ursachen benannt haben, die Ihren persönlichen Stress auslösen, ist das der erste Schritt zur Stressbewältigung.

Machen Sie sich bereit!
1. Schauen Sie sich ihre S-J-Listen an. Kreisen Sie die Situationen ein, an denen Sie in dieser Woche etwas ändern können. Zum Beispiel: Ich erkenne, dass es notwendig ist, für meine Kinder in ihrer neuen Umgebung Sommeraktivitäten zu finden, damit ich genug stressfreie Zeit für mein Buch habe. Dazu gehört auch, dass ich mir Zeit nehme, ihre Zimmer einzurichten, damit sie Spiele und Spielzeug finden können. Außerdem kann ich die Veranstaltungen heraussuchen, die die Gemeinde für Kinder plant, den Kindern Ausweise für die städtische Bibliothek besorgen, eine Liste aufstellen, wie sie im Haushalt mithelfen können und ein Schwimmbad ausfindig machen. Wenn ich jetzt drei Tage in ihre Freude investiere, gewinne ich dadurch freie Zeit für mich.
2. Welche Lösungen können Freiräume in Ihre Situationen bringen? Schreiben Sie diese auf und planen Sie, wann Sie diese Schritte unternehmen wollen. Die übrigen Stresssituationen heben Sie bitte bis zu Kapitel 6 auf. Mit Ausnahme von . . .
3. Betrachten Sie die mit S-N markierten Punkte – Situationen, an denen Sie absolut nichts verändern können, außer für sie zu beten. Sind Sie sich ganz sicher, dass Sie überhaupt nichts verändern können? Sie können eine Haushaltshilfe oder einen Mitarbeiter nicht verändern, aber Sie können die Beziehung zu ihr/ihm verändern, und das wiederum kann die Situation ändern. Auf der anderen Seite können Sie wirklich nicht viel gegen steigende Hypothekenzinsen tun oder gar die Haltung Ihrer Mutter gegenüber Ihrem Vater verbessern. Wenn Sie Hilfe brauchen, die S-Ns von den S-Js zu unterscheiden, beten Sie das schöne Gebet: „Herr, gib mir die Gelassenheit, die Dinge anzunehmen, die ich nicht ändern kann, den Mut, die Dinge zu ändern, die ich ändern kann, und die Weisheit, das eine vom anderen zu unterscheiden."
4. Nun kommt das Schwierigste: Legen Sie jede Situation, für die Sie wirklich nichts tun können, ganz bewusst in Gottes Hand. Ich empfehle Ihnen, laut zu beten. Nicht etwa, weil Gott Ihre Stimme hören muss, sondern weil Sie selbst Ihre eigene Stimme hören sollten. Es kann ein ganz einfaches Gebet sein, z. B.: „Gott, ich kann absolut nichts tun für . . . (und dann nennen Sie die Situation), die

mich beunruhigt und Stress in mein Leben bringt. Ich übergebe sie dir. Amen."

5. Leben Sie Ihren Glauben! Sie haben diese Situationen in Gottes Hände gelegt. Lassen Sie sich nicht weiterhin von dieser Situation beunruhigen und verschwenden Sie keine Zeit mehr darauf. Vermerken Sie das Datum, an dem Sie sie an Gott abgegeben haben. So können Sie später nachprüfen, wann und wie Gott geantwortet hat. Weil häufig „die anderen" so viel Stress im Leben von Frauen auslösen, beschäftigt sich Kapitel 5 mit diesem Thema. Heben Sie bis dahin die Liste mit den Stresssituationen auf, die durch andere Menschen verursacht werden.

Wer oder was hat die Kontrolle über mein Leben?

Die meisten Christinnen – und da schließe ich mich keineswegs aus – würden sofort antworten: „Jesus Christus". Das ist die richtige Antwort. Aber stimmt sie auch?

Überprüfen Sie die Ihnen zur Verfügung stehenden finanziellen Mittel
Ich beginne mit dem Thema Geld, weil die meisten Familien ein Drittel der Zeit, in der sie nicht schlafen, arbeiten, um die Familie finanziell zu unterstützen. Kapitel 13 wird sich noch intensiver mit diesem Thema befassen und darauf aufmerksam machen, wie Stress durch finanzielle Sorgen entstehen kann.

1. Schreiben Sie Ihre letzten drei Besorgungen auf, bei denen Sie mehr als hundert Mark ausgegeben haben. Haben Sie über diesen Einkäufen gebetet? Nutzen Sie die Anschaffungen in erster Linie für Gott?

2. Notieren Sie sich einmal die Kosten für Ihre Wohnung bzw. Ihr Haus und Ihr Auto. Wie viel Arbeitsstunden, das bedeutet Lebenszeit, sind erforderlich, um diese laufenden Kosten zu decken? Ist Ihnen Ihre Wohnung oder Ihr Auto das wert? Gibt Ihnen dieser Einsatz eine entsprechende Zufriedenheit oder einen Lebenssinn? Würde sich Jesus an Ihrer Stelle diese Wohnung oder dieses Auto leisten? Warum oder warum nicht?

Überprüfen Sie die Ihnen zur Verfügung stehende Zeit

1. Schreiben Sie alles auf, was Sie gestern getan haben. Machen Sie genaue Angaben: Staub gewischt, gefegt, Toilette gesäubert, drei Kinder in die Schule gebracht, drei Telefongespräche geführt oder Entscheidungen getroffen, einen Workshop geplant, zwei Stunden in einem langweiligen Meeting gesessen, je eine Stunde Fahrzeit zur Arbeit hin und zurück etc.

2. Neben alle Tätigkeiten, bei denen Sie froh sind, dass Sie sie erledigt haben, malen Sie ein lächelndes Gesicht. Dazu gehört beispielsweise auch, dass Sie zu dem Anrufer nett waren, der Sie davon überzeugen wollte, dass Sie unbedingt diese neue Zeitung abonnieren, obwohl Sie gerade dabei waren, das Baby zu wickeln.

3. Wie viel Zeit verbrachten Sie aktiv, d. h. in Situationen, in denen Sie selbst die Initiative in der Hand hatten? Hinter diese Punkte schreiben Sie bitte ein A.

4. Wie viel Zeit verbrachten Sie damit, lediglich auf die Tagesordnung eines anderen zu reagieren? Markieren Sie solche Punkte mit einem R. Nach jedem R schreiben Sie auf, wer Ihren Tagesablauf beeinflusste. Wenn das, was Sie getan haben, andere glücklich gemacht hat, fügen Sie ein A+ hinzu. Wenn das, was Sie taten, andere nicht froher machte oder Sie sich nicht sicher sind, vermerken sie ein A–.

5. Betrachten Sie die Liste noch einmal. Kreisen Sie alles ein, von dem Sie glauben, dass Jesus das auch getan hätte, würde er Ihr Leben führen. Was, meinen Sie, hätte er nicht getan? (Denken Sie daran, dass Hausarbeit und die Versorgung von Menschen notwendig sind. Jesus hat für die Jünger am Ufer des Sees von Galiläa ein Frühstück gemacht und geholfen aufzuräumen, nachdem er fünftausend Menschen gesättigt hatte. Er hat sich keineswegs vor Hausarbeit gedrückt!)

Wenn Ihr ganzer Tagesablauf mit As und Smileys gekennzeichnet ist oder Sie überall Rs stehen haben mit vielen +-Punkten und lächelnden Gesichtern, dann können Sie hier aufhören und dieses Buch an eine Freundin weiterreichen. Falls nicht ...

Denken Sie noch einmal nach

1. Fragen Sie sich: Was bedeutet es, wenn ich sage: „Gott hat die Kontrolle über mein Leben?" Schreiben Sie zwei oder drei Sätze auf, was diese Antwort jetzt für Sie bedeutet. Dann schreiben Sie auf, was diese Antwort in Zukunft bedeuten soll.
2. Schauen Sie sich ihre Stress-Liste und ihren gestrigen Tagesablauf noch einmal an. Wer oder was hatte ständig die Kontrolle über Ihr Leben? Wer oder was bestimmte den größten Teil Ihres Tagesablaufs oder schrieb Ihnen vor, wie Sie den größten Teil Ihrer Zeit verbringen sollten? War das eine Person oder waren es mehrere Menschen? Ist das öfter so? Oder sind es finanzielle Zwänge oder Zeitmangel, die dabei die größte Rolle spielen?
3. Fragen Sie sich, ob Gott die Kontrolle über Ihr Leben hat.
   - Hat Gott den Ablauf des letzten Sonntagnachmittags bestimmt?
   - Hat Gott meine Arbeitsstelle ausgesucht oder ich sie mir selbst?
   - Welche Bedeutung hat Gott bei meinen Hobbys?
   - Ist Gott mit all meinen Aktivitäten und Unternehmungen einverstanden?

   Keine Panik! Sie brauchen nicht sofort eine 180-Grad-Wendung in Ihrem Leben vorzunehmen. Aber stellen Sie sich einfach einmal diesen Fragen und denken Sie darüber nach!
4. Lesen Sie Matthäus 22,34–40. Was ist laut dieser Bibelstelle das Ergebnis, wenn Gott die Führung in unserem Leben übernimmt? Was müssen Sie in Ihrem Leben ändern?

* * * * * * * * * * * * * * * * *

Die meisten von uns müssen zugeben, dass nicht alle unsere Lebensbereiche Gott untergeordnet sind. Wir tun, „was wir tun müssen" *und* „was wir tun wollen". Dann geben wir Gott den Rest unserer Zeit und den Rest unseres Geldes. Eine gute Freundin machte mich darauf aufmerksam, dass ich sage, ich habe Gott mein Leben überlassen, und ihm dann die Schuld gebe, wenn etwas schief läuft. Ich musste zugeben, dass sie Recht hatte. Es ist schließlich viel leichter zu sagen: „Ich weiß wirklich nicht, warum Gott mir das antut", als zu sagen: „Hier habe ich eine falsche Entscheidung getroffen."

Seit der Erschaffung Adams und Evas ist Gott immer partnerschaftlich mit den Menschen umgegangen. Er hat uns viel Freiheit gelassen, wie wir unser Geld ausgeben und unsere Zeit verbringen. Die Bibel bietet uns Richtlinien und will uns helfen, effektiver zu leben. Das Wissen, wie man wirtschaftlich mit Zeit und Geld umgeht, kann uns dabei helfen. Aber die Verantwortung liegt letztlich bei uns.

„Ich muss mehr und mehr akzeptieren lernen", meinte Gail zu mir, „dass meist ich selbst die Schuld daran trage, wenn ein Tag zu voll gepackt ist mit Terminen. Ich habe mich damit abgefunden, zu viel zu tun. Ich muss mir klarmachen, dass nicht andere Menschen und Kräfte von außen meinen Stress, sondern ich ihn mir selbst schaffe. Und mit Gottes Hilfe kann ich Herr darüber werden."

Bevor wir jedoch darüber reden, wie wir unseren Stress besser in den Griff bekommen, möchte ich Ihnen zwei Geschichten erzählen. Durch sie habe ich viel über christliche Prinzipien im Umgang mit Zeit bei wenig Stress gelernt.

Kapitel 2
Ohne Stress leben

Es war einmal eine Frau, die war sehr beschäftigt für Gott. Sie arbeitete zwanzig Stunden in der Woche als Leiterin einer christlichen Schule. Sie schrieb Artikel für christliche Zeitschriften und gehörte einer kleinen Frauengebetsgruppe und einer großen Bibelgruppe für Ehepaare an. Weil sie wusste, dass Gott will, dass wir uns um die Schwachen kümmern sollen, gehörte sie auch dem Ausschuss für Analphabetentum in ihrer Stadt an, war im Vorstand eines Heims für allein erziehende Mütter, machte Öffentlichkeitsarbeit für dieses Heim und besuchte einmal pro Woche abends die jungen Mütter im Heim. Sie wusste auch, dass Gott wollte, dass wir uns um die Hungrigen und die ungerecht Behandelten in dieser Welt kümmern sollen. Darum arbeitete sie in drei Hunger-Komitees mit, sammelte Lebensmittel, veranstaltete Workshops, schrieb die Rundschreiben für diese Gesellschaften und half mit bei einer christlichen Organisation, die es sich zur Aufgabe gemacht hatte, politische Unterstützung für die Hungerhilfe zu finden.

Jetzt habe ich nur noch vergessen zu erwähnen, dass ihr Mann Gemeindepfarrer war und sie ihn manchmal bei Vorträgen vertreten musste.

All diese Aktivitäten konnte die Frau meiner Geschichte unter einen Hut bringen. Was muss das für eine glückliche Frau gewesen sein! Sie tat ja *so* viel für Gott.

Aber in Wirklichkeit war sie gereizt, frustriert und meistens schlecht gelaunt. Ganz gleich, wie viel sie an einem Tag auch an Aufgaben bewältigte, legte sie sich jeden Abend todmüde ins Bett mit dem Gedanken an die wichtigen Dinge, die sie heute nicht erledigt hatte.

Kommt Ihnen das bekannt vor? Diese Frau war ich.

Diese Geschichte spielte 1975. Meine Tage waren von morgens bis tief in die Nacht ausgefüllt mit guten Werken. Ich wusste, dass Gott all diese Dinge getan haben wollte, und es schien niemanden sonst zu geben, der dazu in der Lage gewesen wäre. Wer sollte das alles erledigen, wenn nicht ich?

Die kluge Frau weiß: „Wenn du dich bereit erklärst, etwas zu tun, wird es kein anderer mehr zu tun versuchen."

Kennen Sie diese Situation? Ich meinte, all das, was ich tat, auch tun zu müssen. Aber wenn ich morgens aufwachte, fühlte ich mich wie gerädert. Ich schnauzte meinen Mann an und zuweilen auch andere Leute. Ich vertrödelte Zeit, um mich selbst zu verwöhnen – las zum Vergnügen ein Buch, sah mitten am Tag fern. Selbstverständlich hatte ich ein schlechtes Gewissen, wenn ich es tat, denn ich wusste ja, dass ich so viele wirklich *wichtige* Dinge zu erledigen hatte. Aber an manchen Tagen konnte ich mich einfach nicht dazu aufraffen.

Schließlich entwickelte ich eine Lesesucht nach Trivialliteratur. Nicht gerade Schundromane, aber völlig oberflächliches Zeug. Das finden Sie harmlos? Keine Sucht ist harmlos, und ich war wirklich süchtig.

Ich ließ mich allmählich völlig gehen und verschlang sieben Bücher in zwei Tagen. Dabei vergaß ich alles um mich herum. Ich las sogar weiter, obwohl ich Magenschmerzen bekam vor Wut, dass ich mich so gehen ließ. Ich flehte meinen Mann an, mir die Bücher wegzunehmen. Dann aber stand ich mitten in der Nacht auf, schlich mich ins Badezimmer, damit niemand sah, dass ich dort las. Eines Abends ging ich mit der Jugendgruppe unserer Gemeinde zu einem Seminar über Alkoholismus. Als ich eine Liste mit Symptomen für Suchtgefährdete vorlas, musste ich mir meine eigene Sucht eingestehen. Ich bat Gott, mich von dieser besonderen Sucht zu befreien und packte meine ganze Trivialliteratur weg.

Allerdings ließ sich mein Problem nicht so einfach wegpacken. Ich fing stattdessen an, einfach mehr fernzusehen.

Alle, die süchtig sind nach Alkohol, Sex, Drogen, Essen oder Einkaufen wissen, was ich meine. Diese Art von Sucht tritt auf, wenn wir uns überfordert fühlen und wir uns einreden, dass nur *wir* uns selbst das geben können, was wir brauchen. So glauben wir, wir müssten uns etwas Gutes gönnen. Aber der ganze Spaß ist dann gar kein Vergnügen mehr, und das wissen wir auch. Nur, weil es uns einmal Vergnügen bereitet hat, machen wir es immer wieder in der Hoffnung, es würde uns doch einmal wieder Spaß machen.[1]

Rückblickend sage ich mir, dass es doch ganz klar war, dass sich etwas in meinem Leben ändern musste. Damals jedoch glaubte ich, dass es ewig so weitergehen würde. Es war ein ständiges Schwanken zwischen einer Phase der Überforderung durch das Leisten von „guten Werken" und einer Phase der Selbstverwöhnung. Ich war fest davon überzeugt: Ich diene Gott und baue an seinem Reich, allerdings mit den gelegentlichen Ausfällen, in denen ich mich mal wieder um mich selber kümmern musste.

Eines Abends war ich verzweifelt. Der Ehepaarkreis – etwa zwanzig Personen – versammelte sich um unseren Esstisch zum Abendbrot. Anschließend gingen wir ins Wohnzimmer. Mein Mann leitete das Abendmahl mit den Worten ein, dass es Sünde sei, am Mahl teilzunehmen, wenn einer etwas wider einen Bruder oder eine Schwester habe. Ich schaute mich im Kreis um und wusste, dass ich nicht am Abendmahl teilnehmen konnte. Ich hatte nämlich etwas gegen jede Person in diesem Zimmer, und zwar aus dem einfachen Grund, weil sie bei mir in meinem Wohnzimmer saßen, wo ich doch nur das dringende Bedürfnis hatte, endlich für mich zu sein! Ich sehnte mich nach Ruhe.

„Bin gleich wieder da", flüsterte ich meiner Nachbarin zu. Dann schlüpfte ich zur Hintertür hinaus und machte mich auf zu meinem Lieblingsplätzchen in einer Bucht am Strand. Es war Vollmond, und das Mondlicht schimmerte auf dem Wasser. Aber ich war so wütend, dass ich kaum etwas davon wahrnahm. Weil sonst niemand an diesem Abend am Ufer spazieren ging, konnte ich meine Wut laut herausschreien.

„Wo sind denn Liebe, Freude und Friede, die du mir zugesagt hast, wenn ich dir diene?", fragte ich den Schöpfer des Abendhimmels. „Jeden Tag rackere ich mich von morgens bis abends für dich ab. Aber ich empfinde weder Liebe noch Freude noch Frieden. Sieht so der Dienst für dich aus?"

In der Stille, die diesem Schrei folgte, hörte ich Gottes Stimme. Schon oft hatte ich Gottes Reden durch die Bibel oder den Zuspruch eines Freundes erfahren. Ich hatte erlebt, dass Gott mir Wegweisung gibt durch bestimmte Ereignisse, durch Türen, die er aufmachte oder verschloss. Ich hatte Gott sprechen hören durch mein eigenes Gewissen. Aber in jener Nacht hörte ich zum ersten Mal wirklich Gottes Stimme.

Ich fühlte mich, als sei in diesem Moment mein ganzer Körper ein einziges riesiges Ohr. Und das ganze Universum schien mit einem einzigen aufrüttelnden Wort erfüllt: „Ruhe".

Aber so leicht gab ich mich nicht geschlagen. „Was meinst du mit ‚Ruhe'? Ich kann mich nicht ausruhen. Du weißt doch, was ich alles zu tun habe. Ich habe keine Zeit zum Ausruhen. Ich kriege kaum sieben Stunden Schlaf in letzter Zeit!"

Und wieder hörte ich diese laute, unerbittliche Stimme: „Ruhe".

„Hör mir doch einmal zu", verlangte ich. „Schau dir nur mal den morgigen Tag an. Um sieben Uhr morgens habe ich ein Treffen für die Öffentlichkeitsarbeit im Heim für allein erziehende Mütter. Der gesamte Vorstand kommt um acht Uhr dazu. Gegen zehn Uhr werde ich dreißig Kilometer weiter zu einer Sitzung der Hungerhilfe erwartet. Das geht über Mittag hinaus. Am Nachmittag treffe ich mich mit dem Ausschuss der Ferienbibelschule und morgen Abend trifft sich der Verwaltungsausschuss. Vor dem Schlafengehen muss ich noch den Artikel für die Donnerstagsausgabe fertig schreiben. Wann soll ich mich da, bitte schön, ausruhen?"

Tränen strömten mir übers Gesicht bei diesen Worten, aber tief im Innern spürte ich einen Funken Hoffnung. Wenn mein Chef meinte, ich brauche Ruhe, könnte er dann nicht vielleicht auch etwas dazu tun, dass ich sie bekam? Mir fiel nur eine Möglichkeit ein: Ich bekam einen Nervenzusammenbruch! Dann musste ich ja alle Termine sausen lassen.

Gott sprach dieses Mal zu mir durch eine Idee. „Gib das Heim für allein erziehende Mütter auf." Ich wusste, dass Gott hier zu mir gesprochen hatte, denn auf diese Idee wäre ich von alleine nicht gekommen. Larry und Flo, die zu der Gruppe gehörten und sich in diesem Moment in meinem Haus aufhielten, hatten mich zu dieser Aufgabe gedrängt. „Der Vorstand braucht dich dringend", wurde mir gesagt, und ich hatte es geglaubt. Konnte der Vorstand ohne mich auskommen? fragte ich mich zaghaft. Und schon hörte ich die nicht sehr schmeichelhaften Worte: „Ich brauche dich dort nicht. Du tust diese Arbeit dort zu deiner eigenen Ehre, nicht zu meiner."

Oha! „Und was ist mit der Analphabeten-Arbeit?", fragte ich.

„Mach diese Amtsperiode noch fertig, dann hör auf damit. Du hast lang genug dort mitgearbeitet."

„Und die Hungerhilfe?" Ich merkte schon, wie mir eine Verantwortung nach der anderen abgenommen wurde. Sollte ich plötzlich etwa eine Frau ganz ohne öffentliche Verpflichtungen werden?

In diesem Moment schallten mir zwei Worte im Ohr: „Intensiv weitermachen!"

* * * * * * * * * * * * * * *

Die kluge Frau weiß:
„Gott will nicht, dass du überall im Einsatz bist.
Aber er will sehr wohl, dass du dich für etwas einsetzt.
Er wird dir zeigen, was das sein soll."

* * * * * * * * * * * * * * *

Das war alles, was ich an jenem Abend vernahm. Ich wartete noch und hoffte, noch mehr zu hören, aber da war nur das Rascheln des Windes in den Palmen. Schließlich kehrte ich um und ging zum Haus zurück. Wie sollte ich bloß der Gruppe erklären, was ich erlebt hatte? Vor allem, was sollte ich Larry und Flo sagen?

Als ich ins Haus trat, stellte ich fest: Gott arbeitet nicht an einer einzelnen Person, ohne gleichzeitig an anderen in derselben Sache zu arbeiten.

Ich schlich mich durch die Hintertür ins Haus und lauschte an der Wohnzimmertür. Da hörte ich, wie Larry betete – und zwar für mich!

„Herr, wir wissen, dass Patti im Augenblick total gestresst ist. Wenn ich ihr irgendwie helfen kann, dann zeig es mir."

Flo betete direkt im Anschluss. „Und Herr, wir bitten dich, lass deinen Willen in allem in unserem Leben geschehen."

Niemand hatte bemerkt, dass ich ins Zimmer getreten war, aber Gott hatte sie auf das vorbereitet, was ich ihnen sagen wollte. Wie schnell haben sie meinen Entschluss akzeptiert! Wie staunten wir, als am nächsten Morgen ein junger Mann, der viel größere Fähigkeiten zur Öffentlichkeitsarbeit hatte als ich, dem Ausschuss beitrat! Wie beschämend! Wie befreiend!

Das Gremium für Analphabeten blühte ebenfalls auf, nachdem ich ausgeschieden war. Verschiedene Leute übernahmen verschiedene Aufgaben, die ich bisher allein gemacht hatte, und erledigten sie besser, als ich es gekonnt hatte. Wiederum war ich beschämt. Und wieder fühlte ich mich befreit.

Ich wünschte, ich könnte sagen, dass seit 1975 mein Leben vom Stress verschont geblieben ist. Doch würden Sie mir das glauben? Natürlich nicht. Aber seit dieser Zeit bin ich in einem ständigen Lernprozess, was Gottes Pläne für mein Leben angeht. Und ich habe versucht, mich auf diese Pläne zu konzentrieren. Die Hungerhilfe ist das Gebiet, dem ich meine ehrenamtliche und manchmal auch meine berufliche Tätigkeit widme. Dabei habe ich festgestellt, dass es mir heute, wenn ich angerufen und gebeten werde, auf einem anderen Gebiet mitzuarbeiten, leicht fällt zu sagen: „Das ist wirklich eine interessante Aufgabe. Aber meine Aufgabe ist die Hungerhilfe."

Manchmal bin ich heute noch genauso eingespannt wie 1975. Aber in meinem jetzigen Aufgabenbereich bin ich selten gestresst. Wenn das vorkommt, wird es Zeit abzuschalten und neu zu überdenken, was ich tun soll.

Was ist der Unterschied zwischen stark beschäftigt und gestresst sein? Schauen wir in unsere zweite Geschichte, die in Lukas 8,40–56 erzählt wird.

Das einzige Kind eines reichen Mannes wird todkrank. Sein Vater drängt sich durch die Menschenmassen und bittet Jesus inständig, zu ihm nach Hause zu kommen und das Mädchen zu heilen. Jesus ist einverstanden. Umgeben von einer großen Menschenmenge macht er sich auf den Weg zum Haus des reichen Mannes.

Stellen Sie sich einmal vor, wie dieser Vater Jesus zur Eile angespornt haben muss. „Beeil dich, Rabbi, mein Töchterchen stirbt!"

Und stellen Sie sich einmal die Reaktion der Menschenmenge vor. Wie die Leute drängelten und Jesus bedrängten: „Was glaubst du, wird er tun?" – „Jesus, was willst du machen?" – „Kannst du sie heilen?" – „Beeil dich, Rabbi! – Beeil dich doch!" Stellen Sie sich vor, wie der reiche Mann sich durch die schmalen Gassen zwängte, die Herumstehenden aus den Weg schubste, damit Jesus noch rechtzeitig zu seinem kranken Kind gelangte!

Und dann kommt eine Frau – keine Frau von Bedeutung, auch kein Notfall. Zwölf Jahre lang schon hatte sie Energie und Geld eingesetzt, immer auf der Suche nach Heilung. Sie hätte auch noch einen Tag warten und Jesus später ansprechen können.

Außerdem wird von ihr in der Bibel berichtet, dass sie unrein war. Jüdischen Männern ist es verboten, Frauen während der Menstruation zu berühren, und diese Frau hatte seit Jahren Blutungen. Bestimmt wollte Jesus nichts mit ihr zu tun haben. Vor allen Dingen nicht jetzt, wo er im Begriff war, in das Haus eines führenden Pharisäers zu gehen.

Sie bat Jesus auch gar nicht, Notiz von ihr zu nehmen. Sie schlich sich nur hinter ihn und berührte den Saum seines Kleides.

Was hätten Sie an Jesu Stelle in dieser Situation getan? Ich weiß, was ich getan hätte. Ich hätte so getan, als hätte ich nichts gemerkt und mich beeilt, die „wichtige" Sache zu erledigen, die anstand.

Jesus aber blieb stehen. Er schaute sich um und fragte: „Wer hat mich angerührt?" Da wurde die Menge wild. Lukas berichtet besonders von der Ungeduld des Petrus: „Meister (Lesen Sie das im Ton eines ungeduldigen Halbwüchsigen, der sagt: „Ach Mutti!"), die Menschenmenge drängelt und drückt sich gegen dich."

Die Menschenmenge war gestresst. Petrus war gestresst. Jesus nicht. Er war beschäftigt und dennoch völlig entspannt.

Stellen Sie sich vor, wie er stehen bleibt und die Gesichter neben sich ins Auge fasst. Horchen Sie, wie er wie zu sich selbst murmelt: „Jemand hat mich berührt. Ich spüre, dass Kraft von mir ausgegangen ist."

Dann steht er da und wartet. Die Menge kocht. „Warum beeilt er sich nicht? Weiß er nicht, dass das Kind im Sterben liegt?"

Endlich schleicht die Frau zitternd von hinten aus der Menge hervor und gesteht, was sie getan hat. Jesus spricht liebevoll zu ihr: „Tochter, dein Glaube hat dich geheilt. Gehe hin in Frieden." Eine ganz ruhige Begegnung in einer solch aufgebrachten Menge!

Wie vermied Jesus Stress? Er lebte so, dass er alles ganz genau auf das abstimmte, was Gott von ihm wollte. Er sah nicht nur auf den roten Faden, sondern achtete Minute um Minute und Tag für Tag auf das, was Gott von ihm wollte. Er war so auf seinen Vater ausgerichtet, dass er sogar wahrnahm, wenn ihm eine Unterbrechung von Gott geschickt wurde.

Er wusste auch, wenn Gott eine Unterbrechung mitten in eine andere Aufgabe einfügte, würde sich Gott auch um diese Aufgabe kümmern. Erinnern Sie sich an den folgenden Teil der Geschichte, als die Diener kommen und ihrem Herrn und Jesus mitteilen, dass das Kind gestorben ist? Jesus geht einfach weiter. „Hab keine Angst. Glaube nur. Und sie wird gesund werden."

Möchten auch Sie so ein entspanntes Vertrauen besitzen, wenn Sie Prioritäten setzen und überlegen, was wann zu erledigen ist? Ich schon!

Nachdenkenswertes

Machen Sie es sich bequem und entspannen Sie sich für ein paar Minuten.

Bruder Lorenz, ein Laienmönch aus dem siebzehnten Jahrhundert, verbrachte sein ganzes Leben in der Gegenwart Gottes – hauptsächlich in der Küche des Klosters. Er berichtet, wie er betete: „Manchmal stelle ich mir vor, ich sei ein Stein in der Hand eines Steinmetzes, aus dem dieser eine Statue hauen will. Mit diesem Gedanken gehe ich in die Gegenwart Gottes und bitte ihn, sein perfektes Abbild in meiner Seele zu formen und mich so zu machen, wie er ist."[2]

1. Schließen Sie die Augen und stellen Sie sich vor den Thron Gottes. Sie sind ein Stein, und er ist der Steinmetz. Bleiben Sie in dieser Vorstellung fünf Minuten oder länger und bitten sie den Steinmetz, sie zu formen. Erlauben Sie ihm, heute damit zu beginnen.
2. Stellen Sie sich vor, Sie sind so im Einklang mit dem Geist Gottes, dass das Leben sanft dahinplätschert und Ihre Arbeitsprogramme immer erledigt werden. Erlauben Sie es sich, sich nach dieser Ruhe zu sehnen. Verwandeln Sie dieses Sehnen in ein Gebet.
3. Nehmen Sie sich heute eine kleine Zeitspanne vor – vielleicht sogar eine halbe Stunde – und leben Sie ganz bewusst bei dem, was Sie gerade tun, in Gottes Gegenwart. Auch Bruder Lorenz fand das anfangs schwierig. „Man wird nicht mit einem Schlag heilig", sagt er uns.[3]

* * * * * * * * * * * * * * * *

Als ich einmal auf einer Konferenz einen Vortrag hielt und mein Mann gleichzeitig vierzig Minuten entfernt in einem anderen Konferenzzentrum Unterricht hielt, hatte ich ihm versprochen, mich im Anschluss an den Vortrag mit ihm und seinem Freund Chuck zum Abendessen zu treffen. Aber gerade, als ich den Konferenzsaal verlassen wollte, trat eine Frau auf mich zu. Sie war offensichtlich in großer Not, man konnte ihr ihre Verzweiflung ansehen. Was sollte ich tun? Ich konnte Bob nicht telefonisch erreichen. Da schickte ich folgendes Stoßgebet zum Himmel: „Herr, bitte, kümmere dich um Bob und Chuck, bis wir hier fertig sind. Und hilf, dass sie sich nicht über mich ärgern." Jetzt war ich entspannt und konnte mit der Frau über eine Stunde lang reden.

Als ich eine Stunde später zum Essen eintraf, waren auch Bob und Chuck gerade erst angekommen. „Es tut uns Leid, wir sind aufgehalten worden", war ihre Entschuldigung.

Das ist mir seitdem noch oft passiert. Wenn ich auf Gottes Weisungen in meinem Tagesablauf achte, darf ich vom Verstand her wissen, dass ich ganz entspannt bleiben kann und erst einmal alles in Ruhe erledigen sollte, was wichtig ist. Das gelingt mir manchmal besser, als ich gedacht hätte.

Allerdings habe ich ziemliche Schwierigkeiten, das umzusetzten, was ich vom Kopf her weiß. Viel zu oft verhalte ich mich wie die Menge – ich schaue nur auf die eine Aufgabe, die ich schnell und eifrig erledigen will und reagiere verärgert über jede Unterbrechung mit Ungeduld. Viel zu oft gerate ich in Stress, weil ich Gottes Signale überhöre, wann ich eine Pause einlegen und wann ich mit der angefangenen Arbeit weitermachen soll. Ich habe mir für mich persönlich zum Ziel gesetzt, besser darauf zu achten

- wann ich arbeiten und wann ich mit den Kindern spielen soll;
- wann ich telefonieren und wann ich mich kurz fassen soll;
- wann ich allein sein und wann ich einen Besuch machen soll;
- wann ich weiterfahren und wann ich einem am Wege helfen soll.

Wir werden uns diese Fragen – und wie wir zu entsprechenden Antworten finden – in Kapitel sechs und folgenden noch einmal anschauen. Doch zunächst müssen wir über drei Hindernisse nachdenken, die uns davon abhalten können, auf Gottes Stimme zu hören und ihr zu folgen.

Kapitel 3

Schwermütige sind schwer zu ertragen

Ich möchte Sie einmal mit Joanne bekannt machen. Joanne liebt ihre Kinder, ihre Gemeinde, ihr Zuhause. Es macht Spaß, sich mit Joanne zu unterhalten, bis der Name „Walter" fällt. Irgendwie kommt man immer auf ihn zu sprechen. In diesem Moment verspannt sich ihr Gesicht, ihre Stimme wird hart. Man möchte am liebsten aufstehen und gehen. Joanne ist in ärztlicher Behandlung wegen Migräneanfällen und in psychotherapeutischer Beratung wegen der Schwierigkeiten, die sie als allein Erziehende mit ihren Kindern hat. „Sie haben etwas Eisenmangel", meint ihr Arzt. „Allein Erziehende haben es einfach schwer", tröstet sie der Therapeut. Dem Eisenmangel konnte man abhelfen, und als die Kinder auf die höhere Schule kamen, hatte sie auch nicht mehr solche Probleme mit ihnen. Doch Joanne ist immer noch chronisch erschöpft und depressiv. Sie bringt nichts Richtiges zu Stande und kann keine langfristigen Pläne machen. Woran mag das liegen?

Mary ist eine außergewöhnlich gute Lehrerin, sie hält die Kinderstunden in der Sonntagsschule und ist Chormitglied. Einmal pro Woche leitet sie eine Bibelstunde. Aber wenn man sich mit Mary längere Zeit unterhält, spricht sie unweigerlich von ihrer Mutter, einer dominierenden, gefühlskalten Frau, die ihren Kindern nie Aufmerksamkeit schenkte, sie nicht beachtete und ihnen keinen Fehler zugestand. Einmal kam Marys Mutter zu Besuch. Ihre Bibelgruppe war angenehm überrascht von dieser liebenswürdigen und fröhlichen Dame, die an allem und jedem interessiert war. Die Bibelgruppen-Freunde staunten auch über Mary. Normalerweise war sie eine großartige Gastgeberin. Im Beisein der Mutter war sie unleidlich und bissig. Woran lag das?

Sarah ist allein stehend. Sie möchte gern mit anderen zusammenleben, aber wurde so oft enttäuscht, dass sie nicht einmal mehr versucht, neue Freunde zu finden. Eine Freundin hatte ihr Vertrauen verletzt. Eine andere Freundin heiratete genau zu der Zeit, als sie eigentlich zusammen auf Europareise gehen wollten. Ein Freund schien an einer festen Bindung mit ihr interessiert, dann aber machte er Schluss. Selbst ihr eigener Vater war nicht sehr zuverlässig. Manchmal fragt sie sich: Warum sind die Menschen nicht netter? Warum kann man ihnen nicht trauen? Was ist los mit mir?

Ich habe die Namen dieser drei Personen geändert, aber es handelt sich um wirkliche Menschen mit echten Problemen. Ihr Name ist der Name vieler Frauen.

Wo liegen die Gründe?

Hindernis Nummer eins:
Innere Verletzung und Schuld

Jede dieser Frauen hat eine Barriere, die sie hindert, Gottes Willen kennen zu lernen und ihm zu folgen. Jede trägt eine große Last: Innere Verletzungen und Schuld. Jede leidet an erlittenen Kränkungen und an den Kränkungen, die sie als Revanche anderen zugefügt hat. Außerdem nagt an jeder Ärger, Groll und Vergeltungsdrang. Jede neue Kränkung hat die Last vergrößert. Der Berg ist unerträglich. Daraus resultieren Stress, Niedergeschlagenheit und Scheinbeziehungen. Darum können diese Frauen nicht das sein, was sie sein könnten.

Innere Verletzungen und Schuld verschwinden nie von allein. Sie lassen sich nur durch Bekenntnis und Vergebung beseitigen. Beides ist einfach, und fällt dennoch so unendlich schwer.

Vergebung heilt Kränkung

Das Vaterunser lehrt uns, dass Vergebung ein wesentlicher Bestandteil des christlichen Lebens ist: Unser himmlischer Vater vergibt uns, wie (das heißt zugleich „wenn" und „in welchem Maß") wir unseren Schuldigern vergeben." Und warum machen wir das nicht?

Ein Grund dafür ist: Die Gesellschaft bestärkt uns zu glauben, dass eine Aussprache, gegenseitiges Verständnis, ausreichen. Wir sind zu der Auffassung gelangt, dass, wenn wir in verständlicher Weise erklären können, warum wir den anderen verletzt haben, er diese Erklärung akzeptieren muss und damit auch mich als Person. Umgekehrt ist es genauso: Wenn Sie mir erklären können, warum Sie mich verletzt haben, dann kann ich das verstehen. Ich werde beides akzeptieren: die Erklärung und Sie. Das Problem ist nur: Es ist nicht dasselbe, ob ich jemanden als Mensch akzeptiere oder ihm vergebe. Akzeptieren kann der erste Schritt sein, aber mehr auch nicht.

Lassen Sie mich ein ganz praktisches Beispiel geben: Ich kann verstehen, warum ich mir eine Grippe bei Ihnen geholt habe, und dass Sie ein Mensch sind, der anfällig ist für Grippebakterien. Ich kann Ihnen sogar verzeihen, dass Sie mich angesteckt haben. Aber das kuriert meine Grippe nicht. Genauso wenig kann Ihr Verständnis, warum ich Sie verletzt habe, und auch Ihre Entschuldigung meine schmerzenden inneren Verletzungen heilen. Wunden und Narben brauchen einen echten Heilungsprozess.

Ein anderer Grund, warum wir nicht vergeben, ist, dass wir meinen, wir haben ein gutes Recht auf unsere Unversöhnlichkeit. „Wenn der andere sich nicht entschuldigt, warum sollte ich vergeben? Wenn er sich entschuldigen würde, natürlich, dann müsste ich mich auch damit auseinandersetzen. Aber bis dahin bleiben wir unserem Zorn verpflichtet. In dem Buch „Wishful Thinking"' (Wunschdenken) schreibt Frederick Buechner: „Von den Sieben Todsünden ist Zorn wahrscheinlich die lustvollste. Die Wunden zu lecken, die Zunge über lang zurückliegenden Groll gleiten zu lassen ... ist ein wahrer Genuss."[1]

Dabei bemerken wir nicht, dass der Ärger über unvergebene Schuld uns innerlich wie Säure zerfrisst. Wir merken nicht, wie Kränkungen und Schuld unsere Aktivitäten lähmen, wie sie unseren Körper auslaugen und unsere Zeit dahinraffen. Wir wissen nicht, dass, wenn wir Kränkung und Schuld los werden, sich damit auch unser Stress löst. Ich habe das am eigenen Leib sehr schmerzhaft erfahren.

Eine Zeit lang war ich für eine Organisation tätig, die Rationalisierungsmaßnahmen vornehmen wollte, d. h., es mussten Leute entlassen werden. Das hatte besonders für langjährige Mitarbeiter wie mich schlimme Auswirkungen. Ich wurde wütend. Die neuen Chefs und ihr neues System fand ich einfach unmenschlich. Ich hätte mehr Verständnis und Feingefühl von ihnen erwartet. Ein leidenschaftlicher Gerechtigkeitssinn erfasste mich (wie ich meinte). Nachts konnte ich nicht mehr richtig schlafen oder aber ich träumte heftig und schwer. Dann fing meine Nase an zu laufen. Sie tröpfelte nicht nur ein bisschen, sondern floss, und ich konsumierte Berge von Papiertaschentüchern. Drei Monate lang strömte es aus meiner Nase, bis ich schließlich erleichtert die Arbeitsstelle und die Stadt verließ. Meine Nase lief weiter.

Ich ließ Allergietests machen und verbrauchte ganze Wagenladungen von Taschentüchern. Aber das würde ja sicher bald aufhören! Noch einen ganzen Monat lang lief ich weiterhin schniefend und schnaubend durch die Gegend.

Am Sonntag vor Weihnachten wurde uns im Anbetungsgottesdienst Jesus als Heilbringer von Frieden und Vergebung vor Augen gestellt. Eine Frage drängte sich mir beim Beten auf: „Hast du den Leuten von deiner alten Arbeitsstelle eigentlich vergeben?"

(Wenn Sie nicht glauben wollen, dass Gott uns solche „Rippenstöße" gibt, dann sind Sie sicher eine sehr gehorsame Nachfolgerin. Gott weiß – genauso wie die meisten Frauen auch –, dass solch ein Nörgeln jemanden an etwas erinnern soll, was immer noch nicht erledigt wurde.)

Meine Antwort auf die wiederholte Frage Gottes: „Hast du ihnen vergeben?", war „Natürlich nicht! Sie haben nicht nur mir, sondern auch viel älteren Arbeitskollegen und -kolleginnen wehgetan, die ihre ganze Karriere für diese Organisation geopfert hatten – und dann zeigte man ihnen gegenüber nicht einmal das geringste Mitgefühl, geschweige denn Reue. Wie kann ich das vergeben?"

Dauernd wurde ich durch die geistlichen Lieder und Schriftlesungen, ja sogar durch die Predigt von den Worten „Vergebung" und „vergeben" aufgeschreckt. Zum ersten Mal empfand ich mein Verhalten und meinen Zorn in der damaligen Situation als hässlich. Beim

Vaterunser gab ich mich geschlagen. Am Nachmittag rief ich jeden, auf den ich ärgerlich war, an, hörte ihm zu, vergab ihm und gestand mein scheußliches Verhalten ein. Dann bat ich Gott um Vergebung.

Das Merkwürdig war, dass meine Nase nicht mehr dauernd lief. Ich folgerte daraus, dass in diesem Fall meine Nase Gottes Stressbarometer gewesen war. Bei anderen sind es schmerzende Knochen, Stottern oder Migräne. Danken Sie Gott für solche Warnsignale. Wir brauchen sie, um etwas in unserem Leben zu ändern.

Ich entdeckte, wie mangelnde Vergebungsbereitschaft aus angetaner Kränkung heraus unseren Körper und Geist vergiften kann, und was für ein Hindernis mangelnde Vergebungsbereitschaft ist! Sie verbarrikadiert unser Leben. Vergebung hat heilende Kräfte.

Die kluge Frau weiß: „Vergib immer deinen Feinden.
Einige werden sich darüber freuen,
die übrigen werden verwirrt sein."[2]

Wege zur Vergebung

Catherine Marshall entdeckte einen weiteren Grund, der für die Vergebung spricht: „Ich habe herausgefunden, dass die Sache mit der Vergebung ein Schlüssel für Gebetserhörungen ist."[3] Vergebung befreit nicht nur uns und den, dem wir vergeben haben, sondern sie scheint auch Gott frei zu machen für eine neuartige und vertiefte Beziehung zu uns.

Catherine Marshall erinnert sich, wie David du Plessis, ein südafrikanischer Pastor, ihr den folgenden Bibelvers ausgelegt hat: „Was ihr auf Erden binden werdet, soll auch im Himmel gebunden sein, und was ihr auf Erden lösen werdet, soll auch im Himmel gelöst sein" (Matthäus 18,18).

„Lange Zeit habe ich nicht verstanden, was mit ‚lösen' und ‚binden' gemeint ist", meinte David. „Dann kam ich dahinter: Wenn ich bei meinem Urteil über einen Menschen bleibe, binde ich ihn exakt an die Eigenschaften, die ich kritisiere und geändert sehen möchte."[4]

Von dieser Auslegung beeindruckt, lauschten Catherine Marshall und ihr Mann an einigen Vormittagen in ihrer Stillen Zeit in sich hinein, wo es irgendetwas gegen irgendjemanden in ihren Gedanken und Gefühlen gab. Sie holten alles ans Licht, was Schmerz, Verletzung oder Ärger in ihrer Erinnerung hervorrief. Dann beteten sie um Vergebung. Sie baten Gott, jeden einzelnen Menschen von ihrem Negativurteil zu befreien. Im wahrsten Sinne des Wortes ließen sie diese Menschen an Gott los. Sie fühlten sich wie befreit von bitterer Gefühlen gegen verschiedene Menschen und Situationen. Kurz darauf bemerkten sie Veränderungen in der Beziehung zu Menschen, denen sie vergeben hatten.

Nicht jede Vergebung geschieht im Verborgenen. Manchmal ist es ein Weg in zwei Richtungen. Wir müssen zu der betreffenden Person, die uns verurteilt hat, hingehen und um Versöhnung bitten. Nicht von einer höheren Warte aus (der andere liegt falsch), sondern als jemand, der auch zu dem Konflikt beigetragen hat durch Schmollen, Grollen, vielleicht üble Nachrede oder durch verächtliches Reden anderen gegenüber, vielleicht auch nur, weil man diesen Menschen nicht richtig wertgeschätzt hat. Diese Art von Vergebung braucht Zeit, aber es kann sich daraus eine tiefere Beziehung und geistliches Wachstum auf beiden Seiten ergeben.[5]

Frederick Buechner sprach von der heilenden Kraft der Vergebung: „Wenn dir einer vergibt, dem du unrecht getan hast, bleibt dir das dumpfe und selbstanklagende Klopfen des schlechten Gewissens erspart. Wenn du jemandem vergibst, der dir unrecht getan hat, bleiben dir der nagende Rost der Bitterkeit und des verwundeten Stolzes erspart. Für beide Seiten bedeutet Vergebung neue Freiheit, Frieden in der eigenen Haut und Fröhlichkeit in Anwesenheit des früheren Gegners."[6]

Jesus illustriert das Höchstmaß an Vergebung mit seinen Worten am Kreuz: „Vater, vergib ihnen; denn sie wissen nicht, was sie tun!" (Lukas 23,34) Seine Vergebung beruhte auf der tiefen Wahrheit, dass nicht *unsere* Vergebung die Beziehung zwischen uns wieder in Ordnung bringt, sondern *Gottes* Vergebung. Noch einmal zurück zu du Plessis' Auslegung. Diese Art der Vergebung löst uns nicht nur von der gegenseitigen Verurteilung, sondern ermöglicht auch Gott, diese beiden Menschen bis in alle Ewigkeit von der Last ihres Konflikts zu befreien.

Jesu Worte am Kreuz erinnern uns auch daran, dass Menschen sich selten bewusst werden, welche tatsächlichen Konsequenzen sich aus verletzenden Konflikten ergeben. Wenn eine Frau wüsste, dass ihre Affäre mit einem verheirateten Mann ihre eigenen Kinder zu unglücklichen, kurzlebigen Ehen verdammt, würde sie eine solche Affäre beginnen oder fortsetzen? Wenn eine Frau wüsste, dass ihre bitteren Bemerkungen über ihren Mann seine Vorgesetzten dazu bringen, ihn zu feuern, würde sie die Bemerkungen gemacht haben? Wenn wir wüssten, dass die Kritik an unserem Pastor unsere Gemeinde schwächt und junge Christen veranlasst, die Kirche Jesu als heuchlerisch und lieblos abzulehnen, würden wir ihn kritisieren?

Ich bin davon überzeugt, dass niemand von uns ahnt, welche Wunden wir bei anderen dadurch auslösen. Und andere haben wiederum keine Ahnung, wie tief sie uns verletzen. Jesu Art der Vergebung lässt uns den Schmerz, den wir anderen zugefügt haben, eingestehen und befreit uns für alle Zeit von gegenseitiger Schuld.

Sind unsere Wunden und Verletzungen sehr tief, brauchen wir einen vertrauenswürdigen Pastor oder Ratgeber, der mit uns die Wunden aufdeckt und zeigt, wie der Heilige Geist uns helfen kann, Sünden zu vergeben und Sünder zu lösen. Verschiedene Autoren haben ausführlich darüber geschrieben, wie nötig es ist, Hilfe und Helfer zu suchen und in Anspruch zu nehmen.[7]

Bekennen heilt Schuld

Vergeben ist nicht einfach. Aber es ist viel leichter, einem anderen zu vergeben, als die eigenen Sünden einzugestehen. Für die meisten von uns ist es vor allem schwierig, sie beim Namen zu nennen. Scott Peck beschreibt in seinem Buch „People of the Lie" (Menschen der Lüge) solche Menschen, die ein unglaubliches Geschick haben, einem anderen grundehrlich ins Gesicht zu schauen und ihn gleichzeitig zutiefst verletzen. Er vermutet, dass diese Menschen schon so lange mit Lügen leben, dass sie nicht einmal bemerken, was sie anderen antun.[8] Ich denke mir, wir alle sind in gewisser Weise solche Menschen der Lüge. Wir leben in einer Gesellschaft, die viel häufiger über falsche Anschuldigungen spricht als über die Wahrheit. Auch ist es fast unmöglich, ein gutes Buch über das Bekennen unserer Schuld zu finden – nicht einmal in christlichen Buchhandlungen!

Es muss leider gesagt werden, dass die Kirche genauso wie die Gesellschaft sich im Verharmlosen von Schuld schuldig gemacht hat. Bei jeder Diskussion über den Hunger in der Welt können Sie damit rechnen, dass, sobald die westliche Konsumhaltung als Grund für den Hunger angeführt wird, mindestens ein Sprecher einer christlicher Organisationen einwirft: „Wir möchten natürlich niemandem Schuldgefühle machen!" Und haben Sie schon einmal beobachtet, wie klug Erwachsene an einer christlichen Schule über Drogenmissbrauch und Unmoral unter den Teenagern schwätzen statt über Berufsethik in den eigenen Betrieben oder über Sünden wie Angeberei und Genusssucht in den eigenen vier Wänden zu reden?

* * * * * * * * * * * * * * * * *

*Die kluge Frau weiß: „Manchmal fühlst du dich schuldig,
weil du schuldig bist."*

* * * * * * * * * * * * * * * * *

Wenn wir uns nicht schuldig fühlen, sind wir meist überzeugt, nicht schuldig zu sein – das heißt, nicht wirklich schuldig. Ich erinnere mich an den Tag, als ich einen Strafzettel für zu schnelles Fahren erhielt. (Für den Fall, dass Freunde von mir dieses Buch lesen, muss ich ehrlicherweise sagen, dass ich mich an eine ganze Reihe von Strafzetteln erinnern kann.) In mir steckt einfach ein kleiner Rennfahrer, und immer fahre ich schneller, als ich es eigentlich will. (Sehen Sie, wie schwierig es ist, etwas einzugestehen, selbst wenn man über das Thema „Bekennen" schreibt? Es ist viel einfacher, darum herumzureden.) An jenem Tag jedoch beabsichtigte ich, meine Sünde einzugestehen und unbeschwert weiterzuleben.

Als ich bei der Polizei erschien, stand dort eine lange Schlange. Ich stellte mich an und wartete bereits eine halbe Stunde, bis ich feststellte, dass ich mich in die Reihe „nicht schuldig" eingeordnet hatte. „Wo ist denn die andere Reihe?", fragte ich einen Leidensgenossen.

„Oh, wenn Sie Ihre Schuld zugeben wollen, brauchen Sie nur da vorn an den Schalter zu gehen und Ihren Strafzettel bezahlen", sagte man mir, „aber das macht doch niemand." Als ich zehn Minuten später – der Strafzettel war bezahlt – das Polizeigebäude verließ, kam mir unwillkürlich der Gedanke an eine ähnliche Szene, wie sie sich wahrscheinlich eines Tages vor dem Thron im Himmelssaal abspielen wird.

Wege zum Bekenntnis

Eine der wenigen (und ich betone wenigen!) derzeitigen christlichen Bücher zum Thema „Schuldbekenntnis" ist das ausgezeichnete Buch „How to Repair the Wrong You've Done" (Wie kann ich begangene Fehler wieder gutmachen?) von Ken Wilson.[9] Wilson führt darin aus: „Haben wir einem anderen Schaden zugefügt, probieren wir wahrscheinlich eine von verschiedenen Möglichkeiten aus, ein Geständnis zu umgehen: Wir meiden die Person; tun so, als sei nichts geschehen; sind besonders freundlich zu ihr; hoffen, der/die Geschädigte merkt nichts. Leider werden Wunden und Narben durch diese Scheinheiligkeiten nicht geheilt." Wilsons Buch gibt weise, brauchbare Ratschläge, die biblische Reihenfolge von Bekenntnis, Reue, Versöhnung und – falls nötig – Wiedergutmachung einzuhalten.

Wie können wir wissen, was wir bekennen sollen? Unser Gedächtnis ist so löchrig, wenn es darum geht, unsere Schuld anderen gegenüber einzugestehen. Gebet ist ein Schritt in die richtige Richtung. Fragen wir doch den Heiligen Geist! Er zeigt uns gern, was wir bekennen sollen – oft dann, wenn wir es am wenigsten erwarten.

Ich erinnere mich an eine ruhige Morgenstunde. Ich hatte es mir gemütlich gemacht und freute mich auf einen schönen Tagesbeginn mit Gott und dem großartigen Trostpsalm 139. Ich las: „Ich sitze oder stehe auf, so weißt du es."

Ich lauschte in mich hinein und hörte: „Ich weiß, wie oft du dich hinsetzt und wie unwillig du aufstehst, wenn das Telefon klingelt und jemand in Not dich braucht; oder wenn du dich um andere kümmern sollst." Ich las weiter: „Ich gehe oder liege, so bist du um mich und siehst alle meine Wege."

Ich hörte: „Ja, ich weiß, du legst dich lieber mit einem Buch hin, als mit deinen Kindern in den Park zu gehen oder in der Suppenküche zu helfen. Ich kenne die Wege, die du gehst, damit du dein Haus nicht verlassen musst."

Ich las: „Denn siehe, es ist kein Wort auf meiner Zunge, das du, Herr, nicht schon wüsstest." Und wieder hörte ich eine Stimme in mir: „Ja, ich höre deine Zornesausbrüche und alles unnütze, dumme Geschimpfe." Oh weh! Zum ersten Mal sah ich den Psalm von einer anderen Seite: „Du legst deine Hand auf mich . . ." – „Von allen Seiten umgibst du mich . . .." – „Wohin soll ich gehen vor deinem Geist, und wohin soll ich fliehen vor deinem Angesicht?" Worte, die mir bisher die ständige, liebevolle Gegenwart Gottes zugesprochen hatten, wurden an jenem Morgen zur Konfrontation.

Ich sah mich selbst – mein energisches, eifriges Ich auf der einen Seite und mein Herumtrödeln auf der anderen. Zum ersten Mal wurde mir klar, dass Herumtrödeln nicht nur Faulheit ist, sondern meine ganze Haltung zum Ausdruck bringt: Ich (eine auserwählte Dienerin Christi) habe ein „Anrecht" auf meine eigene Zeit. Ich erkannte, dass Herumtrödeln im Grunde genommen Götzendienst ist: Ich setze mich selbst an Gottes Stelle.

Das erzähle ich Ihnen nicht, um Ihnen meine Sünden zu bekennen (obwohl uns die Bibel sagt, dass wir das tun sollten), sondern ich möchte Ihnen damit aus eigener Erfahrung illustrieren, dass, wenn wir bekennen wollen, Gott bereit ist, uns die Augen zu öffnen für das, was bekannt werden muss.

Auch die christliche Literatur weist uns auf Verfehlungen hin, die bekannt werden müssen. Zum Beispiel stellt der Wesley's-Oxford-Klub folgende Fragen:

- Gebe ich im Vertrauen an andere weiter, was mir im Vertrauen erzählt worden ist?
- Bin ich vertrauenswürdig?

- Gibt es Menschen, die ich fürchte, nicht mag, verachte, kritisiere, gegen die ich Vorurteile habe oder nicht anerkenne? Was mache ich dagegen?

Oswald Chambers trifft in seinem Buch „Mein Äußerstes für Sein Höchstes" den Nagel auf den Kopf, wenn er fragt: „Hast du die verborgenen unanständigen Dinge aufgegeben – Dinge, die dein Ehrgefühl nicht ans Licht kommen lassen? Wie bringst du diese Dinge im Sinne Gottes in Ordnung?"[10]

Vielleicht ist auch die folgende Auflistung von John Baillie aus seinem „Diary of Private Prayer": (Tagebuch privater Gebete) eine Hilfe:

„Ich bekenne dir, o Gott:
- ein Herz, das durch leidenschaftliche Rachsucht verhärtet ist,
- eine unkontrollierte Zunge,
- eine sorgenvolle Veranlagung,
- keine Bereitschaft, die Lasten anderer zu tragen,
- eine ungute Bereitschaft, anderen meine Lasten aufzuladen,
- dass ich mehr scheinen will, als ich bin,
- dass ich hässliche Gedanken hinter schönen Worte verstecke,
- ein kaltes Herz hinter einer freundlichen Maske verberge,
- viele Gelegenheiten versäumt und
- viele Talente nicht entfaltet habe,
- viel Liebes und Schönes nicht beachte und
- viele Segnungen nicht zur Kenntnis nehme."[11]

Nachdenkenswertes

Suchen Sie sich ein stilles Eckchen und lassen Sie sich Zeit. Nehmen Sie einen Stift und einen Block Papier zur Hand. Sie können diese Aufgaben auch auf verschiedene Tage verteilen oder heute beginnen und später, wenn Sie das ganze Buch gelesen haben, darauf zurückkommen. Wenn ihr Leben sehr belastet und vieles schief gelaufen ist, wäre es sicher eine Hilfe, diese oder eine ähnliche Übung zusammen mit einem vertrauenswürdigen Therapeuten oder Seelsorger zu machen.

Vergebung

1. Bitten Sie Gott, Ereignisse in Ihrem Leben zum Vorschein zu bringen, die bei Ihnen Wunden und Narben zurückgelassen haben, an denen sie noch leiden: Dinge, die immer noch Schmerzen bereiten, Ärger oder Demütigungen. Benutzen Sie jeweils eine Seite für einen Zeitabschnitt von fünf Lebensjahren. Denken Sie dabei an eine Person. Beginnen Sie mit den Familienmitgliedern in ihrer Kindheit, dann an die derzeitigen Familienmitglieder, schließlich an Freunde, Mitarbeiter und Fremde.
2. Zu jedem Namen schreiben Sie ein oder zwei Stichwörter zur Erinnerung an den Vorfall, der Ihnen bewusst wird. Verzetteln Sie sich nicht dabei, und schreiben Sie auch keine Wörter wie „immer" oder „nie" auf (z. B.: Meine Mutter war nie zärtlich zu mir. Meine Schwester hat mir immer meine Bonbons geklaut.). Bitten Sie Gottes Geist, Ihnen Begebenheiten aufzudecken.
3. Wenn Sie in einer halben Stunde etwa eine Seite Ihres Notizblocks voll geschrieben haben, dann gehen Sie die Liste durch und sagen laut: „Gott, ich vergebe (Name) diesen oder jenen Vorfall." Das laute Sprechen kann hilfreich sein. Entlasten Sie jede Person und jedes Ereignis vor Gott.
4. Zu jedem Ereignis bekennen Sie laut ihre eigene Schuld in dieser Sache: Ärger, Groll, Heimlichkeiten, Eifersucht oder was der Geist Ihnen sonst noch zeigt. Bitten Sie Gott um Vergebung darum.
5. Vernichten Sie das Papier. Wenn sie es verbrennen oder zerreißen, ist das eine eindrucksvolle Geste mit Symbolcharakter!

Bekennen

1. Danken Sie Gott, dass er Ihre Sünden vergibt und Ihnen Kraft gibt, ihm zu folgen. Bestätigen Sie Ihre Absicht, allem Bösen zu

entsagen und bitten Sie den Heiligen Geist, Ihnen Ihre Verfehlungen in der Vergangenheit aufzudecken, an die er sie erinnern möchte.

2. Denken Sie noch einmal über Ihr Leben in Fünf-Jahres-Abschnitten nach. Beginnen Sie mit Ihren ersten Beziehungen zu ihren nächsten Angehörigen; danach zu allen guten Freunden, Arbeitskollegen und weiteren Bekannten, wie zuvor. Schreiben Sie alles, was sie Böses getan haben, auf, wie es Ihnen ins Gedächtnis kommt. Verlieren Sie sich dabei nicht in Tagträumereien oder gedanklichen Ablenkungen.

3. Bereuen Sie laut jede böse Tat. Erklären Sie Gott nicht, warum Sie dies oder das getan haben. Versuchen Sie auch nicht, sich zu rechtfertigen. Bitten Sie Gott ganz einfach, Ihnen zu vergeben und Ihnen seine Gnade zu schenken, aus der Sie befreit leben können.

4. Kreuzen Sie die Punkte an, wo sie meinen, hier möchten Sie die Dinge von Mensch zu Mensch bereinigen. Gehen Sie zu diesem Menschen und bitten ihn um Vergebung. Es gibt Fälle, in denen es nicht ratsam ist, persönlich um Vergebung zu bitten. Dann bitten Sie Gott, ihr Bekenntnis im Verborgenen zu nutzen, um diesen Menschen zu segnen.

5. Es gibt zerstörte Beziehungen, die sich nur langfristig wieder aufbauen lassen. Überlegen Sie, wie Sie diese Beziehungen wieder aufnehmen können.

6. Vernichten Sie das Papier.

7. Befolgen Sie Punkt 4 und 5.

Wie es weitergeht

Der schwierigste Teil der Vergebung und des Bekennens folgt im Anschluss. Wir müssen glauben, dass die Dinge tatsächlich bereinigt sind. Wenn neue Widerstände sich regen, kommen alte Erinnerungen hoch. Wir sagen uns: „Bestimmt habe ich nicht richtig vergeben", oder „Schon möglich, dass Gott mir vergeben hat, aber ich kann mir selbst nicht vergeben."

Da haben Sie Recht! Niemand kann sich selbst vergeben. Gott

und die, denen wir Schaden zugefügt haben, vergeben uns. Wir können nicht für andere garantieren. Aber die Bibel verspricht, dass Gott vergibt. Wenn wir davon sprechen, uns selbst zu vergeben, klingt das arrogant und selbstsüchtig. Wir wollen für uns in Anspruch nehmen, was Gott zusteht. Ein altes Lied besingt: „Vergiss dich und konzentriere dich auf ihn." Gott hat versprochen, uns zu vergeben. Und er tut es auch.

Zum Christsein gehört, dass wir versprechen, wir haben einander vergeben. Gott hat das bestätigt, und darum stimmt es. Die Sache ist erledigt.

Es ist nicht nötig, dass wir spüren, dass wir vergeben oder unsere Schuld bekannt haben; es genügt, dass wir es getan haben. Allerdings gibt es den Widersacher, der Vater der Lüge genannt wird, der uns mit Vorliebe einflüstert: „In Wirklichkeit hast du nicht . . ." Im Glauben müssen wir ihm antworten: „Doch!"

Wenn Sie all das befolgt haben und sie immer noch von Angst geplagt sind, dass Sie nicht wirklich vergeben oder bekannt haben, dann suchen Sie sich einen Seelsorger, der Ihnen helfen wird, die Erinnerungen zu heilen. Vielleicht brauchen Sie dazu mehr als eine Sitzung. Das Ergebnis – Barrieren loswerden, damit Sie ungestört weiterleben können – ist den Zeitaufwand in jedem Fall wert.

Kapitel 4

Eine Schleuder und fünf glatte Steine

Ich bin mir sicher, dass jede von uns wenigstens einem Philister in seinem Leben begegnet ist. Dieser Philister kann zum Hindernis werden, Gottes Willen zu verstehen und seinen Plan in unserem Leben auszuführen.

Erinnern Sie sich an die Philister? Den meistens fallen dabei zunächst David und Goliath oder Simson und Delila ein. Aber das Volk der Philister zieht sich durch die ganze Geschichte Israels. Abraham lebte viele Jahre unter diesem Volk. Isaak war erfolgreich unter den Philistern, bis sie ihm aus Eifersucht die Brunnen verstopften. Gott gebot Mose, die Israeliten nicht durch das Land der Philister ins Verheißene Land zu führen; „denn Gott dachte, es könnte das Volk gereuen, wenn sie Kämpfe vor sich sähen, und sie könnten wieder nach Ägypten umkehren" (2. Mose 13,17). Nach Josuas Tod kämpften verschiedene Richter, auch Simson, gegen ganze Heerscharen der Philister sowie gegen deren Einfluss auf Kultur und Religion. Als Goliath auftrat, war Saul bereits jahrelang gegen die Philister ins Feld gezogen. Auch David bekämpfte sie, als er König war. Selbst während der Regierungszeit des König Ahas setzte sich viele Generationen später der Stamm Juda gegen dieses kriegerische Volk zur Wehr.

Und was hat das mit Ihnen und mir zu tun? Wenn ich über mein Leben nachdenke und zuhöre, was andere Frauen von sich erzählen, dann stelle ich fest, dass die meisten von uns einen Drang zum Sorgen in uns spüren, der immer wieder in unserem Leben neu hochkommt. Für die eine ist es die Angst zu verarmen. Jane beispielsweise wuchs in peinlicher Armut auf. Ganz gleich, wie viel sie und ihr Mann verdienen, sie macht sich immer Sorgen, dass sie eines Tages alles verlieren könnte. „Beim Anblick einer Bettlerin bekomme ich eine Gänsehaut aus Angst, ich könne genauso enden", sagte sie. Endlich schien diese Furcht überwunden. Da wurden die Kinder erwachsen. Nun macht sie sich Gedanken, ob die Kinder auch genug für ihren Lebensunterhalt verdienen werden! „Ich messe mein geistliches Wachstum daran, wie gut ich mit diesem Tick von mir zurande komme", gesteht sie.

Eine andere Frau kämpft mit dem Alleinsein. „Als ich jünger war, sehnte ich mich nach einer romantischen Liebe. Es war schrecklich für mich, ein Pärchen zu beobachten, das Hand in Hand ging. Als ich das überwunden hatte, wollte ich Freundschaften. Ich habe gute Freunde gefunden, habe einen großen Freundeskreis, und nun verlange ich nach Sicherheit – nach einem Menschen, der bei mir ist, wenn ich alt und krank werde. Meine Kämpfe hatten unterschiedliche Gesichter in den verschiedenen Lebensabschnitten. Aber die Wurzel ist dieselbe: Ich fühle mich einsam und allein."

Mein eigener innerster Wunsch war es immer, Gott in meinem Leben an die erste Stelle zu setzen. Während meines Studiums schrieb ich für die Zeitschrift an meiner Uni Artikel zu dem Thema, wie viel Zeit man fürs Studium und wie viel für Pflege von Beziehungen einsetzen sollte. Danach kämpfte ich mit den vielen Anforderungen, die Beruf, Familie und Engagement in der Gemeinde und sozialer Einsatz an mich stellten. Später fragte ich mich wieder: Was gehört an die erste Stelle: die Kinder, unsere Ehe, der Beruf meines Mannes oder meine Schriftstellerei? Dieses Buch ist eine Frucht meines andauernden Kampfes – ja, selbst während ich diesen Abschnitt schreibe, muss ich mich entscheiden, ob ich das Kapitel zu Ende führen oder in eine Kissenschlacht eingreifen und meine Kinder zum Aufräumen ermahnen sollte. Was will Gott in genau diesem Augenblick von mir?

Jahrelang habe ich meinen Kampf als „Philister-Frage" bezeichnet, einfach deshalb, weil er immer präsent war. Ich hatte den Eindruck, dass sie mich oft daran hindert, auf Gott zu hören und seinen Willen zu tun. Und dann las ich eines Tages folgendes über die Philister: „Dies sind die Völker, die der Herr übrig ließ – damit er durch sie Israel prüfte, alle, die nichts wussten von den Kriegen um Kanaan, und die Geschlechter Israels Krieg führen lehrte, die früher nichts davon wussten" (Richter 3,1–2).

Gott gab Israel die Philister, um sein Volk Krieg führen zu lehren. Es sollte seine Kräfte an ihnen messen! Wenn ich auf mein Leben zurückblicke und in alten Zeitschriften nachlese, stelle ich fest, dass ich im Laufe der Jahre besser mit meinem eigenen speziellen Kämpfen umgehen kann. Wie die Frau, die Angst hat vor Verarmung, kann ich mein geistliches Wachstum an diesem Kampf messen.

Nehmen Sie sich etwas Zeit und denken Sie über Ihre persönliche „Philister-Frage" nach. Stellen Sie sich dabei folgende Fragen:

1. Mit welchem speziellen Gegner habe ich jahrelang gerungen?
2. Komme ich heute besser damit zurecht als vor fünf Jahren? Vor zehn Jahren? Inwieweit?
3. Was kann ich dazu beitragen, diesen Kampf gegen meine Philister zu gewinnen? Schreiben Sie in Ihr Notizbuch den Namen ihres besonderen Philisters, bei welchen Gelegenheiten Sie mit ihm zu tun haben und was sie letztendlich erreichen wollen.

Hindernis Nummer zwei: Hilfe! Mein Philister ist ein Riese!

Als Israel einst gegen die Philister kämpfte, trat ein riesiger Mann hervor. Vierzig Tage lang kam er morgens und abends mit großen Schritten und Gesten vom Berg herabgestürmt und brüllte: „Was seid ihr ausgezogen, euch zum Kampf zu rüsten? Bin ich nicht ein Philister und ihr Sauls Knechte? Erwählt einen unter euch, der zu mir herabkommen soll. Vermag er gegen mich zu kämpfen und erschlägt er mich, so wollen wir eure Knechte sein; vermag ich aber über ihn zu siegen und erschlage ich ihn, so sollt ihr unsere Knechte sein und uns dienen" (1. Samuel 17,8–9). Israel war wie gelähmt!

Für viele Frauen ist dieser immer wiederkehrende Kampf gegen einen unsichtbaren Gegner schwächend. Täglich nimmt uns dieser Kampf die Energie und konsumiert Zeit und Gedanken und schafft damit eine konstante Barriere zwischen dem, was wir tun und sind und dem, was wir nach Gottes Willen sein und tun sollten. Diesen Kampf nenne ich Riesen. Einige dieser Riesen können heißen:

- Kummer
- Krankheit
- Sucht
- Scheidung
- Gemütskrankheit
- Arbeitslosigkeit
- Depression.

Im Leben einer jeden Frau erscheinen solche Riesen am Horizont und brüllen: „Komm, kämpf mit mir. Ich fordere dich zum Kampf heraus! Wart's ab, ich werde es dir schon zeigen!"

Wenn Sie mit einem Riesen Goliath zu kämpfen haben, dann sollten Sie wissen, dass dies kein Handbuch ist zum Thema: „Wie kämpfe ich erfolgreich gegen Riesen?" Die Geschichte Davids und sein Sieg über den Riesen Goliath lehrt uns lediglich einige Strategien, die vielleicht hilfreich im Kampf gegen den eigenen Philister-Riesen sein können – gleichgültig, wie groß der Riese sein oder wie er heißen mag.

Davids Prinzip Nr. 1:
Mach dir bewusst: Du kämpfst aufseiten des Siegers!

David war kein besserer Krieger als seine beiden Brüder. Nur, er glaubte, was die anderen nicht glaubten: Gott kann uns die Kraft geben, einen Riesen zu töten.

Als ich mit Nancy sprach, hatte ihr Mann kurz zuvor seinen vier Jahre währenden Kampf gegen eine Hirnerkrankung verloren. Sie berichtete: „Mein Mann war ein sehr kluger, sanfter und liebenswerter Mann mit einem außergewöhnlichen Sinn für Humor. Wir waren dreißig Jahre verheiratet und hatten gedacht, miteinander alt zu werden. Plötzlich veränderte sich unser Leben an einem einzigen

Tag. Morgens war er zur Klinik geflogen, und abends teilte er mir die Diagnose der Ärzte telefonisch mit. Für die diagnostizierte Krankheit gab es keine Chancen auf Heilung. Man konnte nichts für ihn tun. Es war schrecklich für mich, mit ansehen zu müssen, wie mein Mann allmählich die Fähigkeit verlor zu laufen, zu schreiben und zu sprechen.

Ich erinnere mich noch genau, was mir durch den Kopf schoss, nachdem ich den Telefonhörer aufgelegt hatte: ‚Das Leben wird nie wieder so sein, wie es einmal war. Darauf bin ich nicht vorbereitet. Damit wirst du nicht fertig!‘

Ich war so wütend auf Gott, dass ich mit der Faust auf den Tisch schlug. Aber nach und nach lernte ich, Gott zu danken, dass Gott Gott ist. Gott war mir nicht böse wegen meiner Wut. Vielmehr gab er mir zu verstehen: ‚Ich werde dich nicht verlassen. Ich bin genauso traurig über diese Krankheit wie du. Ich leide mit dir.‘ Das mitleidende Leid Gottes trug mich durch mein eigenes Leid.“

Gott will Riesen mit Ihnen und für Sie besiegen. David glaubte daran. Nancy glaubte auch daran. Und Sie?

Davids Prinzip Nr. 2:
Such dir ein paar gute Steine aus!

Gute Waffen sind lebenswichtig im Kampf. David suchte sorgfältig fünf glatte Steine aus. Einer davon genügte, um seinen speziellen Gegner zu töten, aber er hatte noch einige Steine für alle Fälle in seiner Tasche. Frauen, die ihre persönlichen Riesen besiegt haben, nennen vor allem fünf Steine, die sie für wirkungsvolle Waffen halten: Glaube an Gott, Menschen, die ähnliche Riesen besiegt haben, Selbsthilfegruppen, Gebet und Hilfe durch Experten.

Stein 1: Glaube an Gott. Wie David stellen viele Frauen sehr schnell fest, dass, wenn sie sich auf ihre eigenen Fähigkeiten verlassen, ihre Versuche, gegen die Riesen der Philister zu kämpfen, ziemlich sinnlos sind. Nur der Glaube, dass Gott den Riesen töten kann, gibt ihnen Mut, den Kampf aufzunehmen.

Der Arzt hatte Gina gesagt, sie leide wahrscheinlich an einer unheilbaren Hautkrankheit. Und sofort stand sie ihrem Riesen gegenüber: Eine schreckliche Todesangst befiel sie. Während Sie wochenlang auf die Testergebnisse wartete, wurde sie täglich mit ihren Ängsten konfrontiert: den realen und den imaginären Ängsten, die noch schlimmer waren als die realen. Sie kannte sich so gut, dass sie wusste, dass Angst sie so lähmen konnte, dass sie ihren Aufgaben als Frau, Mutter und Krankenschwester nicht mehr gerecht würde. Sie beschloss, ihrem Riesen ins Auge zu sehen, aber nur, wenn Gott versprach, ihr beizustehen und ihr die Kraft zu geben. In den langen Wochen des Wartens spürte sie seine Nähe. Und sie entdeckte gleichzeitig, dass er ihr außerdem Steine für ihre Schleuder gab: Menschen, an deren Glauben sie sich anlehnen konnte, wenn ihr Glaube schwach wurde, Menschen, die sie umarmten, wenn ihre Familie sagte, sie wolle zu dem Thema nichts mehr hören, und Menschen, die mit ihr und für sie beteten.

Stein 2: Menschen, die mit ähnlichen Riesen gekämpft haben. Manchmal werden wir getröstet durch das, was andere Menschen in ähnlichen Situationen erfahren haben.

> Die Kröte unter der Egge weiß,
> dass ein Zinken gleich ihren Leib zerreißt.
> Der Schmetterling, leicht und befreit,
> predigt der Kröte Zufriedenheit.

In diesem Gedicht aus dem Trostbüchlein von Amy Carmichael „Rose from Brier" (Wildrose) bringt die Schriftstellerin ihre Enttäuschung über solche „Schmetterlinge" zum Ausdruck, die ihr Trostworte sagten, aber keine Ahnung von Schmerz, Todesangst und Leid hatten. Amy Carmichael hatte nach einem Unfall, der sie berufsunfähig und arbeitslos machte, monatelang das Bett hüten müssen. Sie sehnte sich nach Worten von anderen „Kröten", die ihre Qual verstehen konnten.[1]

Ein Stein, den Nancy sich nach dem Tod ihres Mannes gegen die Einsamkeit aussuchte, war Lesen. Sie las Bücher „von Kröten an Kröten". „Das Buch von C. S. Lewis: ‚Über die Trauer', in dem er über den Tod seiner Frau schreibt, hat mich sehr getröstet. Er schreibt: ‚Den Ehepartner zu verlieren ist wie die Amputation eines Beins.' Genauso empfand ich es auch!"

Eine andere Frau meinte: „Das Buch von Sandra Simpson LeSourd ‚The Compulsive Woman' (Die zwanghafte Frau) hätte meine eigene Geschichte sein können. Dieser starke Drang, alles kaufen zu müssen! Es hat mir Mut gemacht, für eine Änderung zu kämpfen."

Ganz gleich, wie Ihr Riese heißt, andere haben sich mit denselben Riesen auseinandergesetzt. Einige haben ihre Geschichte aufgeschrieben und veröffentlicht. Der Besuch einer örtlichen Leihbücherei oder einer Buchhandlung kann Sie für den Kampf rüsten.

Es kann für andere sehr hilfreich sein, wenn wir unsere eigenen Schwächen eingestehen. An einem trüben Februartag in Chicago (wo der grau-schwarze Februar zwanzig Wochen zu dauern scheint) machte eine Frau in unserer Gebetsgruppe den liebevollen Vorschlag: „Lasst uns reihum erzählen, was Gott in diesen Tagen für uns tut."

Ohne lange nachzudenken, platzte ich heraus: „Er hält meine übliche Februar-Depression unter Kontrolle, damit ich mich nicht umbringe." Anschließend erschrak ich. Die Frau eines Pastors gibt zu, dass sie depressiv ist? Was sollten die Leute denken?

Am nächsten Tag rief mich eine Frau an, die neu in unserer Gruppe war. „Ich war so froh, dass Sie gestern Abend so offen von sich gesprochen haben. Seit neun Jahren bin ich Christin, aber im Winter werde ich immer depressiv. Ich habe mich nicht getraut, es irgendeinem zu erzählen. Ich befürchte, mein Glaube gerät unter Kritik. Können wir uns gelegentlich anrufen, wenn es schlimm wird?" In dem Winter lernte ich neu, was es bedeutet: „Einer trage des anderen Last" und nicht nur zu singen „Ein jeder trage die Last des andern".

Stein 3: Selbsthilfegruppen. Bei einem Lehrgang für Menschen, die sich für die Hungerhilfe engagieren, kamen die Teilnehmerinnen und Teilnehmer – alles aktive, verantwortungsbewusste Leute – Abend für Abend zu spät. „Wir müssen eine Menge anonymer Alkoholiker in dieser Gruppe haben", flüsterte mir mein Nachbar zu. Und dabei kramte er in seiner Hosentasche und zog ein kleines hölzernes Abzeichen hervor. „Ich habe gerade mein erstes Jahr bei den Anonymen Alkoholikern hinter mir."

Nachdem ich diese Vermutung der Gruppe mitgeteilt hatte, kamen am Ende des Abends fünf Menschen auf das Mitglied der Anonymen Alkoholiker zu und berichteten, dass auch sie Probleme mit Alkohol haben. Später schrieb mir eine Frau: „Dieser Lehrgang über die Hungerhilfe war wirklich gut und interessant, aber das Beste für mich war, dass ich endlich den Mut aufbrachte, mich einer Gruppe Anonymer Alkoholiker anzuschließen und meine Vergangenheit aufzuarbeiten."

Die Selbsthilfegruppe ist nur eine von vielen, in der Menschen einander helfen, mit ihren Problemen fertig zu werden. Andere Frauen berichteten mir:

- „Ich habe nicht begriffen, dass das Alkoholproblem meines Mannes auch mich betrifft, bis ich regelmäßig zu einer solchen Gruppe ging."
- „Ohne meine Selbsthilfegruppe hätte ich den Kampf gegen den Krebs nicht durchgehalten."
- „Ich hätte niemals vermutet, dass ich ein Problem hatte, bis eine Freundin mich mit zu der Gruppe „Frauen, die zu viel lieben" mitnahm. Als andere Frauen ihre Geschichten erzählten, hatte ich den Eindruck, ich lese das Skript meiner eigenen Beziehung."
- „Als unser Baby starb, nahmen uns Freunde mit in ihre ‚Trauergruppe für Eltern'. Ich glaube, dass unsere Ehe ohne diese Hilfe gescheitert wäre."

Für fast jeden Riesen lässt sich eine Gruppe finden, die uns bei unserem Kampf ausrüsten und beistehen kann.[2]

Stein 4: Gebet. In dem hübschen Roman „The Scent of Water" (Auf der Suche nach Wasser) erzählt Elizabeth Goudge von einer Frau, die ihr ganzes Leben lang gemütskrank gewesen war. Eines Tages begegnet sie einem fremden alten Mann, einem besonders leidgeprüften Menschen. Er gibt ihr drei kurze Gebete mit auf den Weg:

Herr, erbarme dich.
Ich bete dich an.
In deinen Händen, Herr.[3]

Ich weiß aus eigener Erfahrung, dass ich unter gewissen Umständen nicht mehr als diese drei kleinen Zeilen oder das Gebet „Herr Jesus Christus, erbarme dich mein" beten kann. Und das ist genug.

„Römer 8 bedeutet mir viel", berichtet Bonnie, „denn ich sitze im Rollstuhl. Zu wissen, dass der Heilige Geist mit uns seufzt, wenn wir für unsere Schwierigkeiten keine Worte mehr finden und nur noch seufzen können, ist ein großer Trost für mich. Ich bin meine ganze Situation oft so leid. An manchen Tagen seufze ich viel. Dann ist es gut, sich daran zu erinnern, dass die gesamte Schöpfung und der Heilige Geist auch seufzen."

Stein 5: Hilfe durch Fachleute. Christen zögern häufig, fachmännische Hilfe im Kampf gegen Riesen in Anspruch zu nehmen. Doch kann keiner der genannten anderen „Steine" fachmännische Hilfe ersetzen, wenn sie wirklich erforderlich ist. Tüchtige Ärzte und Psychologen sind oftmals genauso notwendig für Körper und Seele wie ein qualifizierter Mechaniker für unser Auto.

„Irgendwann waren wir mit der Erziehung unserer Kinder mit unserem Latein am Ende", erzählte Gaby. „Wir erkundigten uns nach einem Psychotherapeuten und taten zwei Dinge zugleich: Wir beteten und ließen uns beraten. Das hat unsere Familiensituation völlig verändert."

„Ich fühlte mich so unsicher mit meinen neuen Beinstützen und hatte richtig Angst", sagte Bonnie. „Ich wusste, dass da was nicht ganz in Ordnung war. Zwei Jahre lang hatte ich Angst beim Stehen, Angst, mit den Krücken zu gehen, mich vom Rollstuhl auf einen anderen Stuhl zu setzen. Ich hatte Angst zu fallen. Endlich rief ich Freunde an, und sie arrangierten für mich ein Treffen mit dem Arzt, dem Prothesenhersteller und einem Psychotherapeuten. Jetzt arbeiten wir gemeinsam an dem Problem. Ich fühle mich, als sei eine riesige Last von mir genommen worden."

Davids Prinzip Nr. 3:
Benutze eine Waffe, auf die du dich verlassen kannst

David wurde die Waffenrüstung seines Königs angeboten. Sie war groß und unbequem und gab Goliath einen beachtlichen Vorteil – er hatte den längeren Arm.

David überlegte sich die Sache und lehnte höflich ab. Stattdessen nahm er seine eigene Steinschleuder. Sie hatte sich im Kampf gegen Löwen und Bären bewährt, die ihn und die Schafe töten wollten. Er konnte sich auf seine Schleuder verlassen.

Wenn wir Frauen gegen Riesen kämpfen, müssen wir Ratgeber, Selbsthilfegruppen, Ärzte, Psychiater und Autoren finden, denen wir vertrauen können. Das ist ganz wichtig. Menschen, die Frauen sowieso als „hysterisch" oder „dumm" bezeichnen, scheiden damit aus. Auch Menschen, die alle Frauen über einen Kamm scheren, und meinen: „Alle Frauen haben doch dieselben Probleme". Und mit Ärzten, die gleich Pillen gegen jedes Wehwehchen verschreiben, können wir gar nichts anfangen. Ebenfalls schwierig ist es mit Ratgebern, die die Kraft Gottes nicht kennen. Wir brauchen wie David zuverlässige Waffen, mit denen wir in den Kampf ziehen können.

Eine Frau erzählte, wie ihre Tochter, ein Teenager, plötzlich in eine Jugendpsychiatrie eingewiesen werden musste. „Sie wurde einem Psychiater zugewiesen, der unserem Glauben offensichtlich skeptisch gegenüberstand. Er sagte unserer Tochter unverblümt, dass sie höchstwahrscheinlich nie ganz genesen werde, dass unser Erziehungsstil zu ihrer Erkrankung beigetragen hätte und dass unsere Religion die Wurzel all ihrer Probleme sei. Er wirkte so bestimmend, dass wir uns nach einiger Zeit als Eltern und Christen selbst infrage stellten. Wir mussten eine zweite Hypothek auf unser Haus aufnehmen, damit wir uns wöchentlich von ihm beschimpfen lassen und schließlich dafür seine Rechnungen begleichen konnten.

Wochenlang betete ich verzweifelt in unglaublicher Qual. Eines Tages erhielt ich einen Anruf von einer Frau, die ich gar nicht kannte. Sie rief im Auftrag ihrer Gemeinde an und wollte Menschen in Krisensituationen miteinander bekannt machen. Zufällig war sie Psychotherapeutin. Wochenlang traf sie sich mit mir als Freundin.

Sie sorgte für mich, hörte mir zu und munterte mich auf. Mit ihrer Hilfe bekamen wir wieder Mut, an uns und unser Kind zu glauben und schafften es, unser Kind aus den Händen jenes Psychotherapeuten zu befreien und einem anderen Fachmann anzuvertrauen, der unseren Glauben respektierte und an Gottes heilende Kräfte glaubte. Behutsam begann der neue Arzt mit unserer Familie zu arbeiten. Unmittelbar danach besserte sich der Zustand unserer Tochter."

Eine Frau berichtete, wie sie nach dem Ehebruch ihres Mannes eine Beraterin aufgesucht hatte. „Sie mag ja eine gute Beraterin für andere Menschen sein, aber nicht für einen Gläubigen. Sie riet mir: ‚Kümmern Sie sich in erster Linie um sich selbst und Ihre eigenen Interessen. Machen Sie etwas aus Ihrem Leben und verlassen Sie Ihren Mann.' Mit keinem Wort hat sie erwähnt, dass ich vielleicht auch zum Teil für das verantwortlich war, was geschehen ist, obwohl ich mir das bereits selbst sagte. Sie machte mir auch mit keiner Silbe Mut, meinen Mann wiederzugewinnen und unsere Ehe zu retten. Gott sei Dank hatten wir einige Freunde, die mir eine andere Beraterin vermitteln konnten, eine Frau, die mit mir betete und dann uns beide beriet. Unsere Familie hat sich gefestigt und ist heute stabiler als früher. Wäre ich bei der ersten Beraterin geblieben, wäre unsere Ehe inzwischen längst geschieden."

Die Welt ist voll von Menschen, die uns die Waffenrüstung Sauls anbieten wollen, mit der wir gegen unsere Riesen kämpfen sollen: mit Pillen, Ideen, Diäten und fertigen Antworten. Gott sei Dank gibt es auch Menschen mit echtem und bewährtem Einfühlungsvermögen, mit Weisheit und Erfahrung, die Lösungen anbieten können, die tatsächlich Riesen ein für alle Mal zur Strecke bringen. Falls Sie nicht genau wissen, wer in Ihrem besonderen Fall helfen kann, fragen sie die Pastoren ihrer Gemeinde. Sie können Hilfsgruppen, christliche Ärzte oder Therapeuten empfehlen oder entsprechende Berufsgruppen heraussuchen. Genau wie David brauchen wir zuverlässige Waffen, wenn wir den Kampf mit einem Riesen aufnehmen wollen.

Nachdenkenswertes

Nachdem Sie dieses Kapitel gelesen haben, müssen Sie sich vielleicht eingestehen: „Ja, mir steht auch ein Riese im Weg." Aber vielleicht wollen Sie Ihren Riesen lieber erst einmal ignorieren und das vorliegende Buch zunächst als Hilfe gegen kleinere Philister einsetzen. Bitte lesen Sie noch einmal 1. Samuel 17!

Als Goliath das Kampffeld betrat, waren alle anderen Kriegsmethoden mit einem Schlag unwirksam. Ein Riese ist nun mal ein riesiges Hindernis! Daher: Solange Sie Ihrem persönlichen Riesen nicht zu Leibe rücken, kann kein Buch der Welt Ihnen helfen, Ihr Leben in Ordnung zu bringen.

Was wollen Sie *heute* tun, um sich für Ihren Kampf zu rüsten?

Hier einige Empfehlungen:

1. Der erste und oft schwerste Schritt, einen Riesen aus dem Weg zu schaffen, ist, ihn beim Namen zu nennen. Schreiben Sie den Namen Ihres Riesen auf und einen oder zwei Sätze dazu, wie der Riese Sie daran hindert, das zu sein, was Sie nach Gottes Absicht sein sollten.

2. Beten Sie und bitten Sie Gott um Hilfe, diesen Riesen in Ihrem Leben ein für alle Mal zu töten.

3. Stellen Sie sich dem Kampf. Manchmal ist es hilfreich, sich einer guten Freundin anzuvertrauen und sie zu bitten, Sie immer wieder auf diese Sache anzusprechen. Machen Sie einen bestimmten Zeitpunkt aus, an dem Sie sich mit der Freundin treffen und über Ihren Fortschritt berichten.

4. Tun Sie heute den ersten Schritt und sammeln Sie Ihre Steine: Kaufen Sie sich ein Buch und lesen Sie, wie andere mit ähnlichen Problemen fertiggeworden sind. Rufen Sie einen Fachmann an und machen Sie einen Termin mit ihm aus. Oder machen Sie eine Selbsthilfegruppe ausfindig, die Sie so bald wie möglich aufsuchen können.

Kapitel 5

Das tue ich doch alles nur für dich, Schatz!

Die dritte Barriere, die uns Frauen daran hindert, unsere eigenen Lebensziele zu erreichen, ist die Zeit, die wir anderen widmen, um deren Ziele zu verwirklichen.

Ich denke hin und wieder an das Gleichnis von den anvertrauten Talenten (Matthäus 25,14-30). Eigentlich sollte neben den drei Knechten, denen der Herr sein Vermögen übertragen hatte, noch eine Frau in dem Gleichnis auftauchen. Die würde dann wahrscheinlich mit dem ihr anvertrauten Geld in der Hand zu ihrem Meister kommen und sagen: „Ich wollte es ja am Montag anlegen, aber mein kleiner Sohn bekam die Grippe. Am Dienstag ging die Ehe einer Freundin in die Brüche. Am Mittwoch brauchte mich meine Mutter zum Einkaufen. Donnerstag war ich an der Reihe, das Essen für die Alten und Kranken meiner Gemeinde auszufahren und Freitag, da rief mich mein Chef zu einem Notfall, da musste ich lange arbeiten. Wenn du ein bisschen länger weggeblieben wärst, hätte ich bestimmt das Geld gut angelegt und mehr Gewinn erzielt als alle anderen zusammen."

Die kluge Frau weiß: „Wenn du dein Leben nicht planst, verplanen es andere für dich."

Unserer Meinung nach müsste Jesus diese selbstlose Frau für ihr aufopferungswürdiges Verhalten mit dem ganzen Geld belohnen. Aber da das nicht geschah, müssen wir daraus wohl schließen, dass Jesus genau das meint, was das Gleichnis sagt: Knechte und Mägde, Männer und Frauen werden nicht nach der Menge ihrer guten Taten belohnt, sondern danach, wie gewissenhaft sie die Aufträge ihres Schöpfers ausgeführt haben.

Hindernis Nummer drei:
Die Bedürfnisse anderer Menschen erfüllen

Es ist nicht leicht, Gottes Aufträge auszuführen, wenn wir uns in erster Linie durch die Beziehung zu einem Menschen identifizieren. Ist Ihnen schon einmal aufgefallen, wie oft Frauen als die Frau, die Mutter, die Tochter oder Angestellte von irgendwem vorgestellt werden? Männer identifizieren sich durch ihren Beruf, ihre Leistung, Frauen durch ihre Zugehörigkeit!

Die Schuld daran liegt zum großen Teil bei uns selbst. Ich bin oft erstaunt, wie wir Frauen einige Bibelverse auslegen. Zum Beispiel den Spruch aus Epheser 5,22: „Ihr Frauen, ordnet euch euren Männern unter." Wir machen daraus: Ordnet eure eigene Berufung, eure Wünsche und Bedürfnisse jedem Mann, jeder Frau oder jedem Kind unter, der, die oder das eure Zeit beansprucht. Und wir rechtfertigen unser Verhalten mit Römer 12,1: „Ich ermahne euch, dass ihr eure Leiber hingebt als ein Opfer, das lebendig, heilig und Gott wohlgefällig ist." Dabei vergessen wir, was Paulus meint: ein lebendiges heiliges, wohlgefälliges Opfer *für Gott*.

Elisabeth berichtet, wie das in ihrem Leben war. „Seit meiner Studienzeit hatte ich immer Lebensziele. Von Zeit zu Zeit habe ich sie neu gesteckt, aber im Großen und Ganzen sind sie dieselben geblieben. Ein Ziel zum Beispiel ist, keine Mitläufer-Christin zu sein. Ein anderes ist, herauszufinden, wer ich in Bezug auf Jesus bin. Das dritte und vierte Ziel sind eine gute Ehe und eine Familie, in die ich mich voll einbringen will.

Allerdings musste ich kürzlich eine harte Lektion lernen. Als wir zwei unserer Söhne gleichzeitig zum Studium verabschiedeten, dachte ich: Das überleb ich nicht! Ich stellte fest, dass mir meine Mutterrolle alles bedeutete. Auf dem Parkplatz im Auto machte mir

Gott neulich klar, dass ich im Grunde genommen existenziell allein bin. Ich stellte fest, meine Familie ist Geschenk und kein Besitz. Ein Verkehrsunfall könnte mir alle Kinder mit einem Schlag nehmen und dann – wer wäre ich dann? Seitdem weiß ich, dass Jesus, und nicht meine Familie, das Zentrum meines Lebens werden muss."

Warum lassen wir uns von den Bedürfnissen anderer erdrücken?

Wir sind sehr oft der echten Überzeugung, dass wir die Bedürfnisse anderer zu unseren eigenen machen sollten. Falsche oder halbwahre Interpretationen von Bibelstellen haben uns davon überzeugt, dass Frauen in erster Linie von Gott erschaffen wurden, um sich um andere Menschen zu kümmern. Tatsache ist natürlich, dass alle Christen, Männer wie Frauen, dazu aufgerufen sind, den Nächsten zu lieben – aber erst, *nachdem* sie das höchste und größte Gebot befolgt haben: „Du sollst den Herrn, deinen Gott, lieben von ganzem Herzen, von ganzer Seele und von ganzem Gemüt" (Matthäus 22, 37). Immer wenn wir meinen, Gott beauftrage uns mit der Erfüllung von Bedürfnisse oder Bitten anderer, müssen wir beten, um genau herauszufinden, was Gott wirklich von uns will.

Anne, deren Töchter beide von ihrem dritten Lebensjahr an Diabetes leiden, sagte: „Ich habe von meinen Kindern nie Hilfe erwartet und war bereit, mein Geld und fast meine ganze freie Zeit in ihr Wohlergehen zu stecken. Ich chauffierte sie zum Ballett, zum Malen, zum Reiten, zu Klavierstunden, fuhr sie zu den Pfadfinderinnen und zum Chor, weil ich dachte, ich könnte dadurch in gewisser Weise einen Ausgleich für ihre täglichen Spritzen, die Diäten, die vielen Blut- und Urintests und häufigen Krankenhausaufenthalte schaffen. So hatte ich also meinen Job als Lehrerin, korrigierte die Hefte auf Parkplätzen, kochte, putzte, wusch Wäsche und Geschirr und war die meiste Zeit erschöpft. Dasselbe stelle ich bei Freundinnen fest, deren Kinder unter einer Scheidung leiden. Wir entlasten unsere Kinder von der Mithilfe im Haushalt, und versuchen damit, die Mängel ihrer unheilen Welt auszugleichen."

Betty fand noch einen Grund, warum wir für unsere Angehörigen „alles tun". „Für mich war das eine Möglichkeit, alle und alles unter Kontrolle zu halten. Ich glaubte, wenn ich meinen Mann, meine Kinder und andere in meiner Umgebung kontrolliere, bekomme ich damit auch mein eigenes Leben unter Kontrolle. Ich konnte zum Beispiel keinen Mittagsschlaf machen, denn ich fürchtete: ‚Was, wenn jemand an die Tür kommt? Können die Kinder richtig Auskunft geben?' Gott hat mich inzwischen daran erinnert, dass ich nicht Gott sein muss, der weder Tag noch Nacht schläft. Ich musste lernen, meinen Drang, alles unter Kontrolle zu halten, zu beherrschen. Letzten Endes dürfen wir nur unser eigenes Leben kontrollieren und disziplinieren."

Vor vielen Jahren hat eine Autorin vor einer Gruppe von Schriftstellern, der ich angehöre, folgendes Gedicht vorgelesen. Es hat mich an jenem Abend sehr angesprochen und es berührt mich immer wieder neu.

Kleine rote Wagen
von Kimberlee Anne Burdick

In ihrem zehnten Lebensjahr
spielte sie mit Vorliebe Mutter und Kind.
Jeden Tag kletterte ihr Schwesterchen in den roten Handwagen
und bettelte: „Bitte, zieh mich!"
Weil sie die kleine Last liebte,
zog die kleine Mutter den Wagen.
Sie blickte nach vorn und zog den Wagen mit großem Eifer.
Ihr Schwesterchen brauchte sie!
Den ganzen Sommer lang zog sie täglich den Wagen.
Die Puppenmutter sah ihre Aufgabe darin.
Der Sommer verging.
Es vergingen Jahre.
Weil sie den Wagen gern zog,
akzeptierte die kleine Mutter die Last.
Sie blickte nach vorn und zog müde den Wagen.
Immerhin, es war ihre Pflicht!

Aber die Aufgabe wurde beschwerlich,
Die kleine Mutter war erschöpft.
Sie blinzelte nach hinten und schimpfte:
„Was macht ihr da ALLE in meinem Wagen?
Ich kann nicht mehr!"
(Schwesterchen saß zwischen Vater und Mutter und Freunden
und sogar zwischen Fremden!)
Verständnislos schauten sie alle an und riefen:
„Dann hör doch auf, uns hinter dir herzuziehen! Dann steigen wir
eben aus!"[1]

Zunächst zog die kleine Mutter den Wagen, weil sie ihre Last liebte.
Dann akzeptierte sie die Last, weil sie gerne zog. Jedes Mal, wenn ich
das lese, erkenne ich mich in dem Gedicht wieder. Manches Mal ziehen wir andere, weil wir befürchten, sie seien nicht in der Lage, sich
selbst zu ziehen.

Marys Mann hatte die Scheidung eingereicht. Anschließend
wurde er für lange Zeit krank. Sie stimmte dem Aufschub der Scheidung zu und pflegte ihn gesund. „Mein Seelsorger meinte, ich solle
ihn nicht pflegen und ihn doch die Konsequenzen seiner Entscheidung spüren lassen. Er hatte Recht. Und doch passiert mir so etwas
immer wieder. Ich meine, ich müsste die ganze Welt oder alle, die ich
liebe, vor den Konsequenzen ihres Tuns bewahren. Dagegen muss ich
bewusst angehen."

Mit diesem Verhalten versuchen wir oft Menschen zu helfen, die
weder unsere Hilfe wollen noch derartige Hilfe brauchen! Durch
einen Traum erfuhr ich, dass ich häufig ähnlich reagiert habe. Normalerweise rede ich nicht über meine Träume, aber diesen Traum
kennen Sie vielleicht auch:

Ich fuhr mit dem Fahrrad an einem Restaurant vorüber und sah,
wie zwei Freunde ihre Mahlzeit beendeten. Sie baten mich zu sich an
den Tisch. Dann schlugen sie vor, den Geschenkeladen nebenan zu
besuchen. Ich hatte keine Lust dazu (ich mag solche Läden nicht),
aber weil sie gerne kramen, ging ich mit. Ich suchte nach etwas -
irgendetwas - das ich kaufen könnte, um die Zeit zu nutzen. Endlich
fand ich ein Paar Ohrringe für einen Dollar - das war mein ganzes

Bargeld. Beim Hinausgehen merkte ich, dass die Ohrringe rostig waren. „Ich muss sie umtauschen", rief ich. Meine Freunde hatten es plötzlich ganz eilig und gingen weiter. Ich blieb allein zurück und suchte bis zum Aufwachen verzweifelt nach irgendetwas, wogegen ich diese Ohrringe eintauschen konnte.

Später sprach ich mit meinem Mann über diesen Traum, und wir stellten fest, dass ich sehr oft schon „verrostete Ohrringe" gekauft hatte: Arbeiten oder Aufgaben, in die ich eingestiegen war, weil irgendjemand sie mir vorgeschlagen hatte. Und warum? Weil ich nie geprüft hatte, wie wichtig diese Aufgaben denen waren, die sie vorschlugen. Und darum blieb ich oft allein zurück mit dem Löwenanteil der Arbeit, während die anderen sich mit interessanteren Dingen beschäftigten.

Kennen Sie das auch? Seit diesem Traum frage ich jeden, der mich bittet, eine neue Tätigkeit zu übernehmen: „Wie wichtig ist Ihnen das, worum Sie mich bitten, gemessen an einer Skala von eins bis zehn? Wie sehr sind Sie persönlich in dieser Sache engagiert?" Wenn ihm die Angelegenheit selbst nicht sehr viel bedeutet, dann habe ich ganz bestimmt nicht die Absicht, meine Zeit und Kraft in sie hineinzustecken. Bob und ich stimmen uns hier und da ab, ob wir als Ehepaar diese oder jene Verantwortung übernehmen sollen. Und es kommt nicht selten vor, dass wir beide zu dem Schluss kommen: „Das klingt nach rostigen Ohrringen."

Auch Helen hat dazugelernt: „Wenn mir jemand sagt, dass eine bestimmte Aufgabe nicht viel Zeit in Anspruch nimmt, frage ich gleich zurück, wie viel Zeit sie exakt erfordert – und wer die Kleinarbeit dazu übernehmen will. Wenn Leute meinen, die Sache ist wichtig genug, Sie zu bitten, diese zu übernehmen, dann wird sie höchstwahrscheinlich viel mehr Zeit kosten als ursprünglich angenommen!"

Wie können wir miteinander leben, ohne uns für unsere Mitmenschen kaputtzumachen?

Natürlich werden wir auch weiterhin mit Menschen zusammenleben, sie lieben und anderen helfen. Aber wir können einiges tun, damit der Stress nachlässt, den das „Dienet einander" mit sich bringen kann.

Sagen Sie ruhig Nein! Ich beginne mit dem Schwierigsten. Nein sagen bedeutet zuzugeben, dass wir nicht unersetzlich sind, dass andere tatsächlich einige Dinge für sich selbst erledigen können, und dass Menschen unserer Umgebung aus unserem Wägelchen aussteigen können und aussteigen werden und allein weitergehen, wenn wir nicht mehr ziehen. Nein sagen bedeutet zugleich: Das, wozu wir uns berufen fühlen (oder wozu wir einfach nur Lust haben), ist genauso wichtig wie das, was andere von uns verlangen. Dazu müssen wir erst vor uns selbst und anderen einige Überzeugungsarbeit leisten. Nein sagen könnte plötzlich mehr freie Zeit bedeuten! Und davor schrecken wir zurück.

Geben und Nehmen. In der Kolonialzeit Amerikas haben immer auch Männer und Kinder viele Arbeiten im und am Haus übernommen. Heute können viele Männer – trotz des viel beschworenen Hausmannes – nicht einmal ein Hemd bügeln, und die meisten Kinder können weder einen Fußboden aufwischen, noch Wäsche sortieren oder gar etwas kochen. Als eine Freundin von mir erfuhr, dass ihre Tochter einen weit von zu Hause entfernten Studienplatz erhalten hatte, rief sie bekümmert aus: „Was muss ich dem armen Kind jetzt in neun Monaten noch alles beibringen!"

Zum Glück hatten Bob und ich vor unserer Heirat bereits mehrere Jahre unsere Zimmer mit einem Mitbewohner bzw. einer Mitbewohnerin geteilt. Von Anfang an waren wir uns einig, dass wir die Hausarbeit aufteilen würden. Im Allgemeinen koche ich und er wäscht ab; seine Wäsche macht jeder für sich.

Zweimal im Monat leisteten wir uns eine Putzhilfe, bis Bob sich eine Kassette über Kindererziehung anhörte. Der Vorschlag, dass die Kinder sich durch Mithilfe im Haushalt ihr Taschengeld verdienen könnten, gefiel uns. Wir stellten einen Arbeitsplan mit entsprechenden Preisen auf und übertrugen die Liste in den Computer. So konnten wir sie nach Bedarf verändern und jede Woche neu ausdrucken. (Das passiert natürlich nicht jede Woche, weil wir gar nicht jede

Woche dazu kommen, sauber zu machen. Meist belassen wir es bei dem Nötigsten!)

Bei uns fallen im Allgemeinen vier größere Arbeiten an (wie Aufräumen, Staub wischen und Wohnzimmer Staub saugen) und vier kleinere (z. B. Flur saugen). Jedes Familienmitglied sucht sich eine größere und eine kleinere Arbeit aus. Die Kinder wählen zuerst. Im Anfang arbeiteten wir Seite an Seite und zeigten ihnen dabei, wie man sauber macht.[2] Mittlerweile können unsere Jungen das Haus fast so gut putzen wie ich, und sie tun es anscheinend nicht einmal ungern.

Geben und Nehmen hat auch sehr schöne Seiten. In unserer Familie ist Bob derjenige, der gern ins Fußballstadion geht, und ich dagegen gehe gern ins Theater. Wir hatten beides aufgegeben, weil wir dadurch Zeit und Geld sparten und weil wir nicht etwas nur zu unserem eigenen Vergnügen tun wollten. Seit neuestem legen wir jeden Herbst fest, wie viele Fußballspiele und wie viele Theaterstücke jeder von uns sehen will. Manchmal gehen wir zusammen, manchmal nehmen wir einen Freund oder eine Freundin mit. Jeder von uns kann auf diese Weise etwas tun, was ihm persönlich Freude macht und ermöglicht dem Anderen, auch etwas Schönes für sich zu erleben.

Genauso gut kann man den Kindern beibringen, dass eine Hand die andere wäscht. Wenn ich meine Jungen zum Baseball-Training fahre, darf ich sie bitten, anschließend das Essen zu machen, damit ich ein Kapitel zu Ende schreiben kann. Auch Beth meint: „Unsere Kinder mussten lernen, dass unsere Familie eine Dienstgemeinschaft ist. Jeder kann Freunde mitbringen, und wir alle tragen dazu bei, dass sie sich bei uns wohl fühlen: Wir machen zusammen sauber, bereiten alles vor und bewirten sie gemeinsam. Damit fördern wir den Familiensinn. Beim Saubermachen meckern die Kinder zwar manchmal, aber wir legen Wert auf ein gutes Miteinander."

Macht der eine oder andere eine bestimmte Aufgabe nicht ordentlich genug, reden wir darüber. Ich gehe auf die Palme, wenn jemand Wäsche im Trockner liegen lässt. Bob rastet aus, wenn einer die Spülmaschine nicht ganz ausräumt. Doch wir haben bei der Hochzeit die Macken des anderen mitgeheiratet!

Jahrelang sind wir uns mit unseren Macken gegenseitig auf die

Nerven gefallen. Eines Abends hatte ich wieder einmal zerknitterte Bettwäsche aus dem Trockner, als Bob im gleichen Moment die Spülmaschine öffnete und losbrüllte: „Wer hat das Geschirr nicht ausgeräumt?" Ich brüllte zurück: „Derjenige, der nichts zu diesen zerknitterten Betttüchern sagt, wenn du zu dem Geschirr schweigst!" Wir setzten uns zusammen und schlossen einen Vertrag: „Wir wollen nicht mehr versuchen, den anderen zu ändern. Wir wollen nicht mehr versuchen, uns selbst zu ändern. Wir wollen mit unseren Verschiedenheiten leben und das ausräumen, was der andere vergessen hat. Nichts verändern heißt, alles verändern."

Beim Geben und Nehmen müssen wir feststellen, dass nicht alles nach unseren Vorstellungen ablaufen kann. Ich zum Beispiel muss mich entscheiden: Wenn Bob sich in unserem Schlafzimmer mit fünfzig schmutzigen Socken unter seinem Schrank wohler fühlt, dann muss ich das akzeptieren. Und er muss einsehen, dass es nicht meine Aufgabe ist, Socken unter seinem Schrank hervorzuholen.

In einem Workshop hörte ich, wie eine Frau sich darüber beklagte, dass ihr Mann absolut nichts im Haus tut. „Was möchten Sie denn, das er tun soll?", wurde sie gefragt. „Nun, während ich das Haus putze, könnte er doch den Rasen mähen. Aber das will er nicht. Er will einen Gärtner bestellen. Ich finde, das geht zu weit. Darum bleibt auch diese Arbeit an mir hängen."

Merken Sie, wie die Gartenarbeit gleichzeitig ein Versuch dieser Frau ist, ihren Mann an sich zu binden? Alle in der Gruppe meldeten sich sofort zu Wort. „Wenn der Mann das Geld hat, sich den Rasen mähen zu lassen, ist es sein gutes Recht, die Arbeit entweder selbst zu machen oder jemanden dafür zu bezahlen."

Das wirft allerdings die Frage auf: Ist es fair, mit dem Geld aus der Familienkasse Dinge zu bezahlen, die nur uns zugute kommen, wie den Babysitter oder gelegentlich den Fensterputzer? Ich bin eine Verfechterin dafür, dass jeder sein eigenes Bankkonto hat. Ich weiß, dass viele Familien sehr gut mit einem gemeinsamen Konto auskommen. Wir haben für uns jedoch festgestellt, dass mancher Stress vermieden wird, wenn jeder monatlich sein eigenes Geld erhält. Außerdem macht es uns selbst und den anderen nachsichtiger.

Es hört sich an, als ob dieses Nehmen und Geben nur für den

Bereich der Familie gilt. Das ist ganz und gar nicht der Fall. Nach meiner Erfahrung tun wir uns leichter, an unserem Arbeitsplatz Aufgaben nach Fähigkeit und Vorliebe zu verteilen als in unserer Familie. Sollten Sie anderer Ansicht sein, fangen Sie mit dem Geben und Nehmen an Ihrer Arbeitsstelle an.

Nachbarn, Freunde und alternde Eltern können einen großen Teil unserer Zeit beanspruchen. Ich kenne eine Frau, die gelernt hat, im Verhältnis zu ihrer Mutter zu geben und zu nehmen. „Wenn ich dich heute Nachmittag zu einem Ausflug mitnehme, dann komm du doch bitte am nächsten Dienstag zu uns und hüte die Kinder. In der Zeit kann ich in die Bücherei gehen und eine Stunde in Ruhe lesen." Wie oft tun wir alles für unsere Lieben, nur weil wir nicht darauf achten, was sie Wertvolles und Wichtiges im Ausgleich dafür für uns tun könnten!

Tauschen und Leihen. Die meisten von uns haben nicht das Geld, sich eine Hausangestellte, einen Chauffeur oder einen Gärtner zu leisten. Die meisten Mütter kennen allerdings sehr wohl den Segen von abwechselndem Abholdienst oder gegenseitiger Kinderbetreuung am Vormittag. Ich spreche oft mit Frauen, die unter ihren anstrengenden Kleinkindern, alten Eltern, unter zu viel Hausarbeit oder wegen Geldsorgen stöhnen. Haben Sie schon nachgedacht über die Möglichkeit, Hilfe durch Gegenleistung in Anspruch zu nehmen? Dadurch könnten Sie sich hin und wieder gegenseitig entlasten. Natürlich kostet Sie das etwas. Tauschen bedeutet, ich setze im Gegenzug meine Zeit und Fähigkeit für den anderen ein.

Haben Sie schon einmal mit einem anderen Ehepaar ausgemacht, die Kinder am Wochenende abwechselnd zu übernehmen, damit Sie freie Zeit für sich gewinnen? Ich habe eine Freundin. Sie ist Single, und sie tauscht hin und wieder ihr Appartment mit Freundinnen in anderen Städten. Auf diese Weise kann jede eine preiswerte Ferienwoche verleben.

Haben Sie schon einmal einen jungen Teenager gebeten, auf Ihre kleinen Kinder aufzupassen oder bei einem pflegebedürftigen Elternteil zu bleiben, damit Sie an einer größeren Aufgabe ungestört arbeiten können? Meine jüngste Babysitterin war zehn Jahre alt. Sie amüsierte sich mit meinen damals fünf- und zweijährigen Kindern einen Sommer lang jeden Morgen, während ich vor dem Haus saß und an einem Buch schrieb.

Haben Sie schon überlegt, einen Jugendlichen zu bitten, Ihr Haus für ein paar Stunden pro Woche nach der Schule sauber zu machen? Vier Stunden nach der Schule können für Ihre Verfassung und für das Bankkonto des Mädchens Wunder wirken. Ich weiß von Frauen, die sich gegenseitig ihre Wohnungen putzen anstatt ihre eigenen.

Haben Sie schon mal versucht, in Ihrer Gemeinde Menschen zu finden, die ein paar Stunden in der Woche bei alten, ans Haus gebundenen Angehörigen sitzen, während Sie dafür etwas anderes machen, was sie gern tun – zum Beispiel Brot backen, nähen oder Auto fahren?

Vielleicht haben Sie Ihr Büro bei sich zu Hause. Welche Aufgaben könnten Ihre Grundschulkinder oder Teenager nach der Schule erledigen? Sie würden sich bestimmt als Entgelt für ihre Mithilfe über Kinokarten, Geschenkgutscheine oder einen ausgeliehenen Videofilm freuen. Ich habe gesehen, wie Kinder Dinge sortiert haben, Pakete packten, Kopien machten und das Telefon bedienten. In dem Alter macht Routinearbeit im Büro Spaß und gibt den Kindern Selbstbewusstsein.

Begegnung. Auf dem Weg zur Wahlurne begegneten Bob und ich unseren Nachbarn und einem Paar, das wir noch nicht kannten. „Kommt, begrüßt unsere Nachbarn!" meinte der Mann zu seinen Begleitern. „Das sind wirklich nette Leute."

„Ja, das sind sie wirklich", stimmte die Frau zu. „Sie haben uns beigebracht, wie man sich streitet."

Diese Äußerung fand ich damals nicht gerade sehr schmeichelhaft. Doch bei näherer Betrachtung fand ich ganz gut, dass sie durch uns etwas gelernt hatten. Frauen vermeiden sehr oft den Konflikt. Sie meinen, es gehöre sich nicht für eine Dame zu kämpfen. Aber eine faire Auseinandersetzung, in der einer den anderen konfrontiert und dabei darauf achtet, dass jeder die Möglichkeit bekommt zu sagen: „Ich möchte" oder „ich brauche" und für einen beiderseits zufrieden stellenden Ausgang des Konflikts sorgt, ist ein wichtiger Bestandteil jeder Partnerschaft.[3]

Nachdenkenswertes

Menschen, die in Ihrem Leben Stress erzeugen

1. Nehmen Sie die Stressliste von Kapitel 1 zur Hand. Betrachten sie die Stressfaktoren auf Ihrer P-A-Liste: „Menschen, die Anforderungen an Sie stellen". Sehen Sie Namen, bei denen Sie inzwischen den Mut aufbringen und bereit wären, die Initiative zu ergreifen und etwas zu ändern? Gibt es zum Beispiel darunter Menschen, denen Sie „Nein" sagen sollten, wenn Sie das nächste Mal Ihre Zeit beanspruchen? Werden Sie das tun?

2. Gibt es auf der Liste einen Menschen, der Ihre Zeit beansprucht und über Situationen klagt, die er gar nicht ändern will? Können Sie ihm liebevoll aber bestimmt sagen, dass er mehr Hilfe braucht, als Sie geben können, ihm vielleicht sogar eine Selbsthilfegruppe vorschlagen oder einen Berater? Und können Sie ihm eindeutig verständlich machen, dass Sie weder fähig noch willens sind, sich ständig mit seinem Problem auseinander zu setzen?

3. Betrachten Sie ihre P-V Liste mit Menschen, für die Sie sich verantwortlich fühlen. Gibt es jemanden, mit dem sie sich die Verantwortung teilen könnten (z. B. Familienmitglieder, Pflegeorganisationen)? Tragen Sie vielleicht mehr Verantwortung als nötig? Was können Sie in den einzelnen Situationen verändern?

4. Wenn einer Ihrer Angehörigen unter einem „Riesen" leidet, – möglicherweise ist Ihr Ehepartner Alkoholiker oder ein Familienmitglied verlangt andauernd Beachtung – sind Sie bereit, eine Selbsthilfegruppe für sich selber zu suchen? Was wollen Sie heute dazu tun?

5. Heben Sie Ihre P-S Liste auf (Menschen, denen Sie sich überaus stark verpflichtet haben), bis wir im nächsten Kapitel über Lebensziele gesprochen haben.

Menschen, die Ihnen helfen können, Ihren Stress zu reduzieren

1. Schreiben Sie auf, was den meisten Stress in Ihren intimsten Beziehungen verursacht (z. B. worüber streiten Sie sich am meisten?). Fragen Sie sich:
   * Bin ich so eine Art Barmherziger Samariter und versuche ständig, jemanden vor den Folgen seines Tuns zu bewahren?
   * Ziehe ich einen Wagen für jemanden, der selber laufen kann?
   * Versuche ich, etwas für jemanden zu kompensieren?
   * Helfe ich einem Menschen, allein mit sich fertig zu werden?
   * Erlaube ich diesem Menschen, eine eigene Lösung für seine Probleme zu finden?
2. Denken Sie darüber nach, wie Sie normalerweise mit anderen umgehen. Welche stressauslösenden Aufgaben und Situationen könnten Sie durch Geben und Nehmen mit anderen lösen oder verändern?
3. Welche Aufgaben ließen sich durch den Austausch von Gefälligkeiten erledigen?

Unser Leben kann durch andere Menschen gesegnet oder behindert werden. Sie können uns daran hindern, herauszufinden, was Gott von uns getan haben möchte und uns hindern, Gottes Willen zu tun. Oder sie können uns zu Partnern auf der Suche und bei der Ausführung von Gottes Willen werden. Ob Sie für uns zum Segen oder zu Sackgassen werden, hängt davon ab, was wir zulassen.

Kapitel 6

Entwerfen Sie einmal ein Idealbild von sich selbst

Eine gottesfürchtige alte Dame wurde einmal gefragt: „Machen Sie sich keine Sorgen, dass Gott Sie im Himmel einmal fragen könnte: ‚Warum warst du nicht wie die Heilige Katharina oder die Heilige Johanna?‘"

„Oh nein", erwiderte sie entschieden. „Ich mache mir vielmehr Sorgen, dass Gott mich, wenn ich in den Himmel komme, fragt: ‚Warum warst du nicht du?‘"

Dag Hammerskjöld schreibt:

> „Jeden Augenblick entscheiden Sie sich für sich selbst. Aber tun Sie das auch wirklich? Körper und Seele enthalten viele tausend Möglichkeiten, aus denen sich viele Ichs bilden lassen. Aber nur in einer Möglichkeit steckt die Übereinstimmung zwischen Schöpfer und Geschöpf. Nur in einer einzigen! Und die lässt sich erst finden, wenn alle anderen überflüssigen und vorübergehenden Möglichkeiten des Seins und Tuns, die Sie erproben, ausgeschlossen sind; Möglichkeiten, die Sie letztlich daran hindern, die Talente zu entdecken, die Ihnen anvertraut wurden und die Ihr Ich ausmachen."[1]

Haben Sie sich schon einmal ein Idealbild von sich selbst entworfen? Wenn nicht, dann lassen Sie sich ein paar Minuten Zeit und stellen sich die folgende Szene vor: Sie sitzen an einem Tisch. Eine Frau tritt hinzu und setzt sich Ihnen gegenüber. Sie treffen zum ersten Mal die Frau, die Sie in Wirklichkeit sein möchten. Sie hat genau Ihr Alter und lebt Ihr Leben.

Wie sieht sie aus? Was macht sie aus ihrem Leben? Wie entfaltet sie sich mit zunehmendem Alter? Wie klingt ihre Stimme? Wie reagiert sie auf Unterbrechungen? In welchen Situationen ist sie stark oder sanft, beharrlich oder nachgiebig?

Und nun die entscheidende Frage: Worin unterscheiden Sie sich zurzeit von ihr?

Sie haben wahrscheinlich zuallererst festgestellt, dass sie zwanzig Pfund weniger wiegt als Sie, weniger Falten hat und eine schönere Frisur. Aber was sehen Sie noch?

Was wird sie im nächsten Jahr erreichen? Welche Stimmung verbreitet sie in ihrer Umgebung? Was für verrückte Träume träumt sie? Wen oder was sehen Sie, wenn Sie ihr in die Augen schauen? Worüber freut sie sich am meisten?

Nur sehr wenige von uns erlauben sich, von dem zu träumen, was wir sein und tun könnten. Und doch sagen uns nicht nur die Psychologen, sondern auch die Heilige Schrift, dass wir das werden, womit unsere Gedanken sich beschäftigen. Mit Hilfe einiger Aufgaben am Ende dieses Kapitels sollten Sie von der Frau träumen, die sie werden möchten. Das kann der wichtigste Schritt sein, Stress zu reduzieren.

* * * * * * * * * * * * * *

Die kluge Frau weiß: „Wenn du weißt, wer du sein und was du tun willst, dann weißt du auch, wer du nicht sein und was du nicht tun willst."

* * * * * * * * * * * * * *

Viele von uns, besonders Frauen mit der Tendenz, alles richtig und es allen recht machen zu wollen, sind häufig alten Gewohnheiten, den Ansprüchen anderer, dem Wunsch, allem zu entfliehen, oder der inneren Stimme: „Ich sollte dies oder das tun" preisgegeben. Eine Entscheidung, neue Gewohnheiten zu entwickeln, zu überlegen, wem wir dienen wollen, wie und was wir wirklich tun sollten, befreit uns von inneren Zwängen. Sie befreit uns auch von den Gedanken, dass unsere *Leistung* das Wichtigste in unserem Leben ist.

In einem seiner Bücher warnt der bekannte Schriftsteller C. S. Lewis: „Glauben Sie bloß nicht, dass Gott von Ihnen verlangt, dass Sie all die Dinge tun, die Sie gar nicht zu tun brauchen ... Ich sage Ihnen eines: Der Glaube an die Tugend, etwas zu tun, um etwas zu tun, ist typisch weiblich, typisch amerikanisch und typisch modern."[2]

Anne erzählt: „Während meiner Studienzeit hatte ich das Ziel, eine reife Christin zu werden. Aber dann änderten sich meine Ziele in den folgenden fünfzehn Jahren. Ich wollte eine perfekte Mutter, eine großartige Lehrerin und eine tadellose Ehefrau werden. Das gab mir viel zu tun! Und ich bewertete mich danach, wie gut ich alles schaffte. Erst, als wir in unserer Familie mit einem unserer ältesten Kinder eine echte Krise durchmachten, kehrte ich zu meinem ursprünglichen Ziel zurück. Heute ist mein Ziel nicht mehr mein Tun, sondern mein Sein: Mit dem Heiligen Geist verbunden zu sein, frei von Angst zu sein, mit Christi Gedanken erfüllt zu sein, darauf zu vertrauen, dass Gott für mich und meine Familie sorgt; in meiner Umgebung durch Jesus im Einsatz zu sein, Frieden und Freude durch Gott zu erfahren, und dafür ein Zeugnis zu sein."

Unseren Träumen Flügel verleihen

Zwei Dinge sind notwendig, damit unsere Träume keine Träume bleiben: Wir müssen uns Ziele setzen und planen, wie wir diese Ziele erreichen können.

Und sofort höre ich mehrere Einwände:

- „Ich habe keine Zeit für Ziele und Pläne!"
- „Ziele setzen und planen, ist viel zu kompliziert!"
- „Zielsetzung und Planung ist nicht christlich. Wir sollten jederzeit auf Gott vertrauen."

Ich habe keine Zeit für Ziele und Pläne!

Zum ersten Einwand habe ich Folgendes zu sagen: Wenn Sie sehr beschäftigt sind und stark unter Stress stehen, dann bleibt Ihnen gar nichts anderes übrig, als sich Ziele zu setzen und zu planen. Mir ist es wie Ihnen ergangen. Jahrelang habe ich nach der Goldenen Regel gesucht, mit deren Hilfe ich mein Leben ordnen könnte. Ich durchlief gute Schaffensperioden im Wechsel mit Schuldgefühlen, weil alles andere zu kurz kam. (Beim Bücherschreiben ist es merkwürdigerweise so: Gelingt Ihnen ein Buch, dann erreicht das Buch Anerkennung, gelingt es Ihnen nicht, sind Sie als Schriftsteller der Versager.) Einmal im Jahr, meist an meinen Geburtstag oder an Silvester, blickte ich gewöhnlich auf die letzten Monate zurück und stellte regelmäßig fest, dass ich eigentlich sehr wenig getan hatte, was für mich oder Gott von Bedeutung war. Wenn wir keine übergreifenden Ziele in unserer Vorstellung haben und Pläne, die uns helfen können, diese Ziele zu erreichen, dann kann uns reine Leistung nur unzufrieden machen.

Die kluge Frau weiß: „Wenn du nicht weißt, wohin du gehen willst, wirst du nie erfahren, ob du angekommen bist."

Ziele setzen und planen ist viel zu kompliziert

Allen, die meinen, dass Ziele setzen und planen zu kompliziert sei, möchte ich sagen, dass die meisten von uns ihr Leben lang mit Zielen, Planen und Zeiteinteilung tagtäglich beschäftigt sind. Stellen Sie sich zum Beispiel vor, Sie backen ein Omelette in der Pfanne.

Schweizer Käseomelette

Eier schlagen. Salz, Pfeffer und einen TL Wasser zufügen. Gebutterte Pfanne leicht erhitzen und Eier hineingeben. Eier langsam stocken lassen. Auf eine Hälfte geriebenen Schweizer Käse streuen. Die andere Hälfte darüberklappen. Käse schmelzen lassen. Auf einen Teller gleiten lassen. Guten Appetit!

Was ist unser Ziel? Wir wollen ein schmackhaftes Omelette essen. Der *Plan* dazu ist das Rezept, d. h. die Eier schlagen, Gewürze zufügen, den Käse reiben, die Butter schmelzen usw. Zur *Zeiteinteilung* gehört unsere Entscheidung, wann wir das Omelette backen wollen.

Eine Anfängerin könnte eventuell zuerst die Pfanne buttern und aufheizen und dann nach den Eiern suchen. Wenn sie die Eier endlich geschlagen hat, ist die Butter dunkelbraun. Bis sie den Käse gefunden und gerieben hat, sind die Eier verbrannt. Es ist nahezu unmöglich, ein gutes Omelette zu backen oder sich durch den Arbeitstag einer Hausfrau durchzuarbeiten ohne Zielsetzung, Planung und Zeiteinteilung!

Ist Planung und Zielsetzung eigentlich christlich?

Dieser letzte Einwand bedarf einer ausführlicheren Antwort, denn er blockiert Frauen immer wieder, Eigenverantwortung für ihr Tun zu übernehmen. Bei „Verantwortung übernehmen" meine ich nicht, dass wir die Gott zustehende Verantwortung übernehmen sollten, sondern dass wir anfangen, Gottes Willen für unser Leben zu suchen und planen, uns in diese Richtung zu bewegen, anstatt dass wir zulassen, dass andere unseren Tagesablauf bestimmen.

Dürfen Christen planen? Sollen wir nicht „auf den Herrn harren" und „um die Leitung des Heiligen Geistes bitten"? Ja – und nein. Beispiele in der Bibel zeigen, dass wir auf ein Zeichen Gottes hin das tun sollen, wozu wir bestimmt sind, und erst nach diesem Zeichen vom Herrn planen wir, wie wir die Sache ausführen wollen.

Viele von uns tun das bereits im Detail. Wenn wir beispielsweise zu der Überzeugung gelangt sind, dass wir nach Gottes Willen heiraten, essen gehen, arbeiten oder Urlaub machen sollten, dann planen wir unsere Hochzeit, suchen ein Restaurant aus, erledigen die Arbeit und wälzen Urlaubsprospekte. Das wirklich Wichtige jedoch verpassen wir dabei – das Leben selbst.

Natürlich ließe sich zur Rechtfertigung Matthäus 6,25 anführen: „Sorget nicht um euer Leben, was ihr essen und trinken werdet; auch nicht um euren Leib, was ihr anziehen werdet. Ist nicht das Leben mehr als Nahrung und der Leib mehr als die Kleidung?" Aber hier geht es Jesus um das Sorgen und nicht um die Planung. Er sagt, wir sollen uns keine Sorgen um materielle Güter machen, denn Gott versorgt die, die auf ein Ziel hinarbeiten: die zuerst nach dem Reich Gottes und nach seiner Gerechtigkeit trachten (Matthäus 6,33). Und das sollte ohne Planung gehen?

Jesus vergleicht die Nachfolge mit dem Bau eines Turms oder mit der Kriegsführung – Vorhaben, die exakte Planung erfordern (Lukas 14,28–33). In seinen Gleichnissen lobt er die treuen Knechte, die die Heimkehr ihres Herrn planen (Lukas 12,35–38) und den cleveren Verwalter, der Vorsorge für seine Zukunft trifft, weil sein Herr ihn rausgeworfen hat (Lukas 16,1–9). Das Kapitel, das sich am ausführlichsten mit der Vorausplanung beschäftigt, ist Matthäus 25. Hier werden drei Beispiele gegeben, wo schlechte Planung ins Unglück führt: die Geschichte von den törichten Jungfrauen, die durch falsche Planung die Hochzeit verpassten; das Gleichnis von dem Knecht, der sich durch schlechte Finanzplanung ruinierte und die Geschichte vom Weltgericht, wenn alle Völker wie Schafe von den Böcken getrennt werden, je nachdem, ob sie die Hungrigen gesättigt, die Fremden beherbergt, die Nackten bekleidet und die Kranken und Gefangenen besucht haben. Zu allen Beispielen gehört eine sorgfältige Planung.

In Lukas 9,51 heißt es: „Es begab sich aber, als die Zeit erfüllt war, dass er hinweggenommen werden sollte, da wandte er sein Angesicht, stracks nach Jerusalem zu wandern." Der Geist Gottes sagte Jesus, dass die Zeit reif war. Jesus hatte seinen Weg ans Kreuz geplant.

Jesus ist nicht der Einzige in der Bibel, der den Geist sagen hörte: „Die Zeit ist erfüllt, die Ernte ist da." Nehemia hörte den Ruf, die Mauern von Jerusalem wieder aufzubauen. Er plante sehr genau und überreichte seinem König präzise Materiallisten mit allem, was er für den Wiederaufbau benötigte. Esther wurde berufen, die ungeheure Vernichtung aller Juden in Persien zu stoppen. Sie fastete und betete drei Tage lang. Danach führte sie eine sorgfältig geplante Campagne durch, wobei sie ihren Mann überredete, den erlassenen Befehl zurückzunehmen. Naomi, die unbedingt Großmutter werden wollte, gibt ein reizendes Beispiel für fröhliches Planen in Ruth 2 und 3 (oder meinen Sie etwa, Boas und Ruth hätten sich zufällig auf dem Weizenfeld getroffen?). Davids Kriegsstrategien, die Berufung von Diakonen durch die Apostel, die Missionsreisen des Paulus – alle Aktionen zeugen von sorgfältigster Planung. Zielsetzung und Planung waren für diese Frauen und Männer Gottes von größter Wichtigkeit. Sollten Ziele und Pläne für uns da vielleicht überflüssig sein?

Zugegeben, wir müssen flexibel bleiben und damit rechnen, dass der Heilige Geist unsere Pläne jederzeit ändern kann, um mit uns an sein Ziel zu kommen. In Apostelgeschichte 16 wird berichtet, wie Paulus auf dem Weg nach Bithynien angehalten wurde und der Heilige Geist ihn stattdessen nach Mazedonien schickte.

Von den Frauen, die ich für dieses Buch interviewte, haben sich nur wenige Zeit genommen und die Zielvorstellungen für ihr Leben aufgeschrieben. „Darin haben wir keine Übung", meinte eine Frau trocken. Doch durch unser Gespräch und durch Gebete konnten die meisten im Rückblick sagen, auf welche Ziele sie zugearbeitet haben.

Maxine, Helen und Gail wollten anderen helfen und damit das Leben und die Situationen einiger Menschen grundlegend verändern. Beth meinte: „Ich möchte Gott tiefer kennen lernen – keine halbe Christin sein – und herausfinden, wer ich in ihm bin." Shirleys Ziel ist es, die Kinder mit einer guten Beziehung zu ihr und zu Gott ins Leben zu entlassen. Für einen ganz anderen Bereich in ihrem Leben wünscht sich Shirley, einen geeigneten Angelplatz zu finden, wo sie mit ihren Enkelkindern angeln kann. Bonnie träumt von einem herrlichen Altenzentrum, wo sie einkaufen, ausfahren, an Veranstaltungen teilnehmen und andere Menschen im Rollstuhl besuchen kann. Elise und Beth möchten sich für andere Frauen einsetzen und ihnen helfen, geistlich zu wachsen. Maxine möchte eine Weltreise machen. „Das hatten wir uns bereits vor unserer Hochzeit vorgenommen. Bevor ich Bud kennen lernte, war ich schon ungeheuer reisefreudig. Und als wir vom Heiraten sprachen, sagte ich: ‚Heiraten kann ich nicht – ich muss erst noch so viel sehen!' Bud versprach, mich zu begleiten, und seitdem sind wir viel unterwegs."

Jede Frau hatte eine auf ihre Person, ihre Fähigkeiten und ihre Neigung zugeschnittene Vision. Wir sind einmalig. Das können wir nicht oft genug betonen. Gott hat jede Frau als ein einmaliges Individuum erschaffen, und darum dürfen wir einmalig sein und einmalige Dinge tun!

Wie bereits erwähnt, leben wir in verschiedenen Lebensabschnitten. Darum kann es sein, dass wir uns auf verschiedene Weise zu verschiedenen Zeiten auf unsere verschiedenen Ziele zu bewegen. Oder aber wir fassen in einem bestimmten Lebensabschnitt ein bestimmtes Ziel ins Auge.

Betty: „Mein Endziel ist, Gott zu gehören, mich ihm ganz zur Verfügung zu stellen, ihn zu kennen und ihm zu dienen. Im Gebet hat Gott mir Zeiten und Lebensabschnitte gezeigt, die ich anderen Zielen unterordnen sollte. Ich hatte dabei das Gefühl, als ob Gott genau in meine Situation spricht. Ein Beispiel: Wir waren gerade erst nach Großbritannien umgezogen, da musste mein Mann aus geschäftlichen Gründen sehr häufig zurück in die Staaten. Unsere Kinder waren noch klein, und alles in uns und um uns herum war im Umbruch. Da wurde mir klar: Jetzt bist du ganz und gar für deine Kinder zuständig. Sie brauchen dich wie einen Anker. Meine Aufgabe war, ihnen Sicherheit zu vermitteln.

In einem späteren Lebensabschnitt hatte etwas anderes Vorrang: Ich eröffnete einen Musikladen. Der Erlös sollte der Gemeinde zukommen, bei der mein Mann und ich mitarbeiten. Gott schenkte mir immer wieder neue Ideen, wie ich das Geschäft führen sollte. Es wurde die Grundlage für unser finanzielles Auskommen in dieser Zeit.

In einer anderen Phase, als wir gerade wieder in die USA zurückgekehrt waren, erlitt mein Mann einen Herzanfall. Ich hatte mich in den vergangenen Jahren hauptsächlich auf meine Familie, die Gemeinde und die Musik konzentriert. Doch Gott hatte für eine kurze Zeit andere Absichten mit mir. Ich wurde für den Reisedienst der Gemeinde eingeteilt. Ein neuer Lebensabschnitt! Drei oder vier Jahre lang reiste ich viel und hielt den Freundeskreis der Gemeinde aufrecht.

Inzwischen hat mich Gott wieder für die Gemeinde bereitgestellt, und ich erlebe, wie sie wächst und reift."

„Und woher weißt du, dass du gerade das tust, was Gott von dir getan haben möchte?", fragte ich Betty.

Sie lächelte. „Gott schenkt eine ruhige Gelassenheit und Frieden für diesen Weg. Man hat Ideen, es öffnen sich Türen. Gott treibt die Dinge voran."

„Gott treibt die Dinge voran." Darüber sollten wir nachdenken und Jeremia 29,11 wörtlich für uns in Anspruch nehmen: „Denn ich weiß wohl, was ich für Gedanken über euch habe, spricht der Herr: Gedanken des Friedens und nicht des Leides . . ." (Jeremia 29,11).

Nachdenkenswertes

Ziehen Sie sich noch einmal mit Papier, Bleistift und Bibel in die Stille zurück. Lassen Sie sich viel Zeit zum Nachdenken, zum Bibelstudium und zum Schreiben.

Die kluge Frau weiß: „Planen bedeutet: beten, denken und schreiben. "

Was wollen Sie mit dem Rest Ihres Lebens anfangen?

Auch wenn Ihnen bei dieser Frage sofort durch den Kopf schießt: „Ich bin froh, wenn ich den heutigen Tag überhaupt überlebe", denken Sie trotzdem bis an Ihr Lebensende weiter. Was wollen Sie zu Ende bringen? Was würden Sie vielleicht bedauern, nie gewesen zu sein oder nie getan zu haben?

Was tun Sie im Augenblick?

1. Schreiben Sie alles auf, was Sie mit Ihrer Zeit im Verlauf eines Jahres machen. Listen Sie jedes Ehrenamt extra auf und vermerken Sie, ob neben den Sitzungen zusätzliche Verwaltungsarbeiten

anfallen. Unterteilen Sie umfangreiche Aufgaben. Zum Beispiel schreiben Sie an Stelle von „Mutter von zwei Kindern" oder „ehrenamtliche Arbeit in der Schulbücherei" auch: Fahrten zum Baseball-Spiel, Ballett, Kieferorthopäden; Lunchpakete packen, Familienausflüge organisieren. An Stelle von „Beruf" listen Sie verschiedene Aufgaben auf, die zu Ihrem Beruf gehören. Wir wollen anhand dieser Liste feststellen, wie Sie die Stunden eines Monats verplanen. Wenn Sie also bei dieser Aufstellung sehr genau vorgehen, ist die anschließende Planung umso einfacher.

2. Neben jeden Punkt schreiben Sie, wie viel Stunden Sie Ihrer Schätzung nach in einem Monat für jede Tätigkeit aufbringen.

3. Setzen Sie Prioritäten! Vermerken Sie hinter jedem Punkt ein A und kreisen die Tätigkeit ein, wenn sie sehr wichtig für Sie ist, ein B, wenn die Aufgabe weniger Bedeutung für Sie hat und schreiben Sie C, wenn die Arbeit nicht unbedingt von Ihnen ausgeführt werden müsste. Denken Sie daran, dass Sie herausfinden möchten, was für Sie zu tun wichtig ist. Viele ehrenwerte Aufgaben müssen erledigt werden. Wichtig ist allerdings, dass Sie den Vermerk machen können, dass Gott all das, was Ihnen wichtig erscheint, auch von Ihnen ausgeführt haben will.

* * * * * * * * * * * * * *

Die kluge Frau weiß: „Den größten Ärger
bringen nicht die unerledigten Dinge, sondern die halb fertigen."

* * * * * * * * * * * * *

Vielleicht sind Sie nicht daran gewöhnt, auf Gottes Stimme zu hören. Die folgenden Fragen können Ihnen bei der Entscheidung helfen, was Sie streichen dürfen oder sogar streichen sollten:

● Wo setzt Gott Prioritäten? Lesen Sie noch einmal Matthäus 6,33 und Matthäus 22,36–40. Welche Wertigkeit erhält alles, was ich tue, gemessen an diesen Maßstäben?

● Was gelingt Ihnen gut? Was weniger gut? Ihre Fähigkeiten sind von Gott gegeben. Haben Sie Achtung vor dem, was Sie können!

● Was sind Ihre tiefsten Sehnsüchte? Die meisten sind von Gott in

Ihnen angelegt. Beten Sie darum, zu erkennen, welche biblisch sind und verachten Sie sie nicht!

- Was macht Ihnen Freude? Vielleicht sind Sie sogar ein Ass in Mathe, beschäftigen sich aber gar nicht gern mit Mathematik. Vertrauen Sie auf Ihr Gefühl, das Ihnen sagt, was Ihnen Freude macht.

4. Entfernen Sie den Müll! Wir alle müssen manches tun, was wir überhaupt nicht mögen. Sehen Sie eventuell Möglichkeiten, von den zeitraubendsten oder weniger wertvollen Tätigkeiten fortzukommen? Ich habe eine Idee: Teilen Sie die Arbeit! Überlegen Sie, wie Sie die unliebsame Arbeit loswerden können. Suchen Sie sich jemand anderen dafür!

Die chinesische Philosophin LIN YU TANG meint: „Neben der feinen Art, Dinge zu erledigen, gibt es die feine Art, Dinge unerledigt zu lassen."

Teilen Sie Ihr Leben in Kategorien ein

1. Vielleicht erscheint es Ihnen hilfreich, jetzt Ihre A-Punkte noch einmal in verschiedene Kategorien einzuordnen. Dazu ließen sich Ihre verschiedenen Lebensbereiche als Überschriften verwenden. Zum Beispiel habe ich meine Überschriften wie folgt gewählt: Persönliches Wachstum, Familie, Kirche, Gemeinde, Schreiben, Hungerhilfe und Haus/Garten.
2. Fragen Sie sich einmal: „Gibt es etwas, was ich liebend gern täte, wofür aber auf meiner Liste keine Kategorie vorgesehen ist? Das könnten sein: persönliche Glaubensentwicklung, Kreativität oder Reisen. Fügen Sie eine Kategorie hinzu – Sie dürfen ruhig ein bisschen wunschträumen!
3. Brauchen Sie eine Kategorie mit der Überschrift „Hilfsmaßnahmen zur Bekämpfung meines persönlichen Riesen"? Bitte dazuschreiben!

Entwerfen Sie ein Lebensziel

1. Schauen Sie sich unter Gebet jede einzelne Kategorie an. Welche Dinge möchten Sie innerhalb jeder Kategorie in Ihrem Leben zu einem guten Ende bringen? Schreiben Sie für jedes Gebiet eine Zielvorstellung auf. Zeitberater schlagen oft ein einziges Lebensziel vor. Ich glaube, dass sich im Leben einer Frau zu viel abspielt, als dass alles auf einen einzigen Punkt gebracht werden könnte. Mein größter Stress entstand, als ich versuchte, meine Top-Priorität zu benennen. Schließlich stellte ich fest, dass ich täglich mit verschiedenen Top-Prioritäten jonglieren muss. Weil ich in verschiedenen Sphären lebe (persönliche Sphäre, die berufliche, die familiäre, Sphäre der Gemeinde und Gesellschaft), habe ich spezielle Ziele für jedes Gebiet gefunden. So kann ich Monate, Wochen und Tage im Voraus gradlinig planen. Gleichzeitig weiß ich dadurch, wann ich Ja oder Nein zu den Anfragen anderer Menschen sagen muss. Im Anhang A sind zwei Beispiele für Lebensziel-Planungen aufgeführt.

   Denken Sie daran: Es sind *Ihre* Ziele. Niemand kann für Sie passende Ziele stecken. Das können nur Sie selbst für sich tun, auch wenn Sie diese Ziele im Laufe der Zeit wieder ändern. Schreiben Sie auf, was Sie für sich optimal erhoffen und nicht, was Sie wenigstens erreichen möchten. Entwerfen Sie ein Idealbild von sich und Ihrem Leben und beschreiben Sie es (und zwar ein für Sie perfektes Bild, nicht ein Bild für Ihre beste Freundin oder eine Superfrau)!

2. Und nun schauen Sie sich die Liste noch einmal an. Lehnen Sie sich entspannt zurück und stellen Sie sich eine zweite Frage: Wenn ich wüsste, ich müsste in einem halben Jahr sterben, was möchte ich bestimmt erledigt haben in jedem meiner Lebensbereiche? Befassen Sie sich dabei nicht mit Ihrer Beerdigung. Konzentrieren Sie sich darauf, wie sie bis dahin leben wollen. Schreiben Sie das auf.

3. Vergleichen Sie Ihre erste Lebensziel-Vorstellung mit dieser neuen Liste unter der Vorstellung: „Wenn ich nur noch ein halbes Jahr zu leben hätte." Würden Sie Ihre ursprünglichen Ziele ändern?

Als ich diese Übung zum ersten Mal machte, hatte ich als Ziel für meine Familie geschrieben: „Meine Kinder auf ein selbstständiges Leben vorbereiten, bis sie das Elternhaus verlassen werden". Als ich mir vorstellte, ich hätte nur noch ein halbes Jahr zu leben, korrigierte ich mein Ziel sofort in: „Mich an meinen Kindern freuen!" Meine neueste Zielvorstellung in dieser Kategorie verbindet beides: „Ich will mich an meinen beiden Söhnen freuen, sie zu gottesfürchtigen Männern erziehen, die sich geliebt wissen, die für sich selbst sorgen können und die erfahren haben, wie schön es ist, für andere zu sorgen."

Denken Sie daran: Wir können anderen keine Vorschriften machen. Zwar können wir uns dafür einsetzen, dass Menschen mit sich und anderen zurecht – und mit Gott ins Reine kommen. Aber letztlich treffen sie selbst ihre Entscheidungen. Alles, was ich tun kann, ist, ihnen ein Zuhause, eine Gemeinde und Hilfestellungen zu geben, die sie spüren lassen, was ich mir für sie vorstellen könnte. Wählen muss letztlich jeder für sich selbst.

4. Nun werfen Sie noch einmal einen Blick auf Ihre Liste. Machen Sie einen neuen Entwurf Ihrer alten Ziele und überdenken Sie Ihre Kurzzeit-Ziele. Dann stellen Sie sich folgende Frage: Wenn ich diese Dinge in meinem Leben erreiche und sonst nichts, habe ich dann das beste Leben geführt, das ich mir denken kann? Wenn Ihnen etwas fehlt, dann fügen Sie es jetzt ein.

Beachten Sie zwei Dinge: Sie schreiben in diesem Moment keine *Pläne* auf, d. h. Sie überlegen nicht, wie Sie das schaffen wollen, was Sie sich wünschen. Sie schreiben auf, was Sie sich für sich selbst erhoffen, wie Sie werden wollen – eine Vision, die Sie auf diesem speziellen Gebiet haben. Vergessen Sie auch nicht die „kleinen Freuden des Lebens" miteinzubeziehen. Einige erstrebenswerte Ziele, wie Familienurlaub, persönliche Stille Zeit, Zeit, um den Duft einer Rose einzuatmen und Ähnliches, könnten bei der Auflistung aktiverer Ziele übersehen werden und dadurch vielleicht nie verwirklicht werden.

Was hilft oder hindert Sie, Ihre Ziele zu erreichen?

Wie bereits im letzten Kapitel erwähnt, wissen Frauen, dass ihr Leben und alles was sie tun, verknüpft ist mit dem Leben und dem Verhalten anderer Menschen, mit denen sie zusammen leben und arbeiten.

1. Wenn Sie sich unter diesem Aspekt Ihre Ziele anschauen, welche bringen Sie in Konflikt mit einer anderen Person? (Nennen Sie den oder die Namen).
2. Wie können Sie geben und nehmen? Was können Sie für die Hilfe, Ihr Ziel zu erreichen, anbieten? (Eine Frau versprach ihrem Ehemann, dass sie ihm, wenn er ihr helfen würde, staatlich geprüfte Buchhalterin zu werden, später eine juristische Ausbildung finanzieren würde.)
3. Mit wem oder was wollen Sie sich konfrontieren? In welcher Sache? Können Sie Ihrer Mutter sagen, dass Sie Medizin studieren werden, auch wenn sie sich von ganzem Herzen wünscht, dass Sie Lehrerin werden? Sind Ihnen Ihre Ziele wert, auch Widerstand zu riskieren?

Schreiben Sie einen Entwurf für Ihre Lebensziele, als hätten Sie nur noch kurze Zeit zu leben

1. Nehmen Sie eine neue Seite Papier und schreiben Sie den endgültigen Entwurf für Ihre Lebensziele auf. Grundlage dazu sind Ihre Träume, deren Korrektur bei der Vorstellung, nur noch ein halbes Jahr zu leben, und die vernünftige Berücksichtigung bestehender Verpflichtungen, in die Sie eingebunden sind. Haben Sie beispielsweise einen ruhigen, freundlichen Landwirt geheiratet, werden Sie schwerlich eine Karriere als Trapezkünstlerin verwirklichen können (es sei denn, sie können mit einem Zirkus im Winter reisen, wenn die Ernte eingefahren ist). Wenn Sie Kinder haben, können Sie diese nicht verlassen, um sich in Indien für die Armen einzusetzen. Sie können allerdings schon jetzt planen, für einige Zeit nach Indien zu gehen, wenn Ihre Kinder erwachsen sind.

Beachten Sie, dass diese Ziele Ihre augenblickliche Denkweise widerspiegeln – sie sind nicht in Stein gemeißelt. Sie können sich von Zeit zu Zeit ändern, einige Kategorien können an Bedeutung gewinnen, andere verlieren, je nach der jeweiligen Lebensphase, in der Sie stecken.

2. Bewahren Sie Ihre Ziele so auf, dass Sie sie von Zeit zu Zeit wieder lesen. Einige Frauen verstecken Ihre Ziele in einem Notizbuch oder Kalender und legen sie irgendwo ab. Andere Frauen stecken Ihre Ziele in die Bibel, die sie regelmäßig benutzen. Ich habe meine Ziele über dem Monitor meines Computers angebracht. Da sehe ich sie täglich. Ganz gleich, wohin Sie Ihre Zielvorstellungen hängen oder legen, schauen Sie oft darauf als Gedächtnisstütze, damit Sie wissen, worauf Sie hinarbeiten.

∗ ∗ ∗ ∗ ∗ ∗ ∗ ∗ ∗ ∗ ∗ ∗ ∗

Die nächsten vier Kapitel legen dar, wie man Pläne macht, damit unsere Jahre, Monate, Wochen und Tage in Richtung auf unsere Lebensziele verlaufen. Zwei mögliche Hürden sollen hier besonders erwähnt werden.

1. Alte Gewohnheiten lassen sich oft sehr schwer brechen. Wenn wir neue Ziele erreichen wollen, müssen wir aufhören, uns in alten Kreisen zu drehen.

2. Viele Frauen sind nie ermutigt worden, ihre eigenen Talente, Interessen und Fähigkeiten zu entdecken. Darum wissen sie nicht, was sie gerne tun oder tun könnten. Ich kenne einige, die sich sehr stark verändert haben. Eine Frau war Lehrerin, bis sie feststellte, dass sie in Wirklichkeit viel lieber Papierkram erledigte. Heute ist sie Bankangestellte. Eine Frau, die jeden Tag mit misshandelten Kindern arbeitete, stellte fest, dass sie dabei ihre eigene schlimme Kindheit nacherlebte. So entschloss sie sich, Altenpflegerin zu werden. Eine Hausfrau entdeckte ihr Talent zum Zeichnen und begann mit 63 Jahren eine Karriere als Künstlerin. Wenn Sie nicht wissen, was Sie können oder tun möchten, suchen Sie sich eine Beratungsstelle in einer Berufsberatung oder einen Seelsorger, der Tests mit Ihnen machen kann oder durch

ein Gespräch herausfindet, wo Ihre Interessen und Fähigkeiten tatsächlich liegen.[3]

Jetzt haben Sie Ihre Lebensziele für den Rest Ihres Lebens (oder bis Sie sie revidieren) aufgeschrieben. Nun wollen wir diskutieren, wie sie sich in die Tat umsetzen lassen.

Kapitel 7

Lebensziele langfristig planen

Wir leben nicht in der idealen Welt von Büchern, sondern unser Leben wird bestimmt von unerwarteten Ereignissen, von Unglücksfällen und durch andere Menschen. Es gibt also kein Rezeptbuch für unser Leben, und darum ist dieses Kapitel auch das kniffligste. Wir wollen konkrete Ziele für Ihren augenblicklichen Lebensabschnitt für einen Zeitraum von einem Jahr festlegen, wohl wissend, dass jederzeit neue Umstände Sie zum Umplanen zwingen können.

Ich könnte mir vorstellen, dass Sie diese Planung für überflüssig halten. Sie haben Ihre Zeit geopfert und im letzten Kapitel über Lebensziele nachgedacht. Jetzt wird es Zeit für Sie, Ihre heutigen Aufgaben und die Arbeit für die kommende Woche wieder anzupacken. Trotzdem möchte ich Ihnen Mut machen, eine Zeitabschnitts-Planung durchzuziehen. Wenn die Planung eines ganzen Lebensabschnitts nichts für Sie ist, vielleicht macht eine kurzfristige Planung Ihrer Lebensziele für Sie Sinn. Ich bin davon überzeugt, dass dieser Vorgang hilft, bewusster in die Zukunft zu gehen. Lassen Sie mich erklären, wie ich das meine.

1975 war das Jahr, in dem ich mir zum ersten Mal Ziele gesetzt habe. Mein Mann war es leid, den Sponsor für eine Schriftstellerin zu spielen, die die meiste Zeit damit zubrachte, anderer Leute Bücher zu lesen, in Versammlungen und Ausschüssen herumsaß oder sich mit Freunden zum Essen verabredete. Er verlangte einen Rechenschaftsbericht von mir. Also setzte ich mich hin und beschrieb großartige Fünf-Jahres-Ziele (wobei natürlich mein Schriftstellerhonorar kontinuierlich anstieg). In dieser Planung berücksichtigte ich die Arbeit für die Hungerhilfe - denn ich war überzeugt, dass Gott meinen Einsatz dafür wollte - sowie Zeit für mein Wachstum im Glauben als

91

auch Zeit für Freunde. Was ich allerdings nicht eingeplant habe, waren zwei Babys.

Unser erstes Kind wurde 1977 geboren. Damit alles nach Plan lief, hätte ich mich fast totgearbeitet. Kurz vor der Geburt unseres Sohnes brachte ich ein sehr langes Theaterstück zu Ende, das ich in Auftrag hatte, und arbeitete weiter an einer christlichen Schule. Als unser Kind vier Monate alt war, gab ich ein Buch für die Hungerhilfe in Druck. Oft hatte ich bis drei Uhr in der Nacht neben der Wiege getippt. Ich nahm den Kleinen zu Meetings und Workshops quer durchs ganze Land mit. Das Wichtigste für mich war, dass ich alle meine Termine einhalten konnte. Aber ich war ständig erschöpft, gereizt und so damit beschäftigt, effizient zu sein, dass ich häufig keinerlei Mutterfreuden empfand. Als mein Ältester zwei Jahre alt wurde, war ich durchaus bereit, meine Schreiberei auf drei Vormittage in der Woche zu reduzieren und die meisten Sitzungen sausen zu lassen. Als sich 1980 unser zweiter Sohn einstellte, steckte ich meine Ziele in die Schublade und vergaß sie einfach.

Beim Abstauben alter Ordner fand ich 1989 meine alten Zielplanungen. Zu meiner großen Überraschung stellte ich fest: Ich hatte jedes Ziel erreicht, zwar nicht in fünf Jahren, sondern in vierzehn – aber ich hatte sie erreicht! Obwohl ich sie nicht bewusst vor Augen hatte, haben sie tief in meinem Unterbewusstsein gesteckt und immer die Richtung meiner Handlungen bestimmt. Ich hatte sie gar nicht aufgegeben, sondern nur hinausgezögert.

Probleme bei Langzeitzielen

Ich habe viele Bücher gelesen, in denen Fünf-, Drei- und Ein-Jahres-Ziele vorgeschlagen werden. Die meisten dieser Bücher wurden von Männern geschrieben. Ich glaube, dass es für Frauen sehr schwierig ist, sich an dieser Zeiteinteilung zu orientieren, und zwar aus folgenden Gründen:

Viele Frauen entdecken oft erstaunlich kurzfristig neue Möglichkeiten für sich selbst. In fünf Jahren bedeutet uns das, was uns heute wichtig erscheint, möglicherweise gar nicht mehr so viel. Meine Mutter zum Beispiel hörte auf zu unterrichten und wurde mit zweiundsechzig Jahren Künstlerin. Wie viele Frauen haben ihre Ansichten im Laufe der Zeit grundlegend geändert! „Ich habe mir früher immer Fünf-Jahres-Ziele gesetzt", meint Bonnie zu diesem Thema. „Drei Jahre später stellte ich fest, dass keines dieser Ziele mehr angemessen erschien. Ich hatte meine Ziele zu eng gesteckt. Ich hatte Entscheidungen getroffen, bevor ich meine wirklichen Prioritäten einschätzen konnte."

Ein zweiter Grund, warum Fünf- oder Drei-Jahres-Ziele für Frauen nicht geeignet sind, ist, – ob wir es wahrhaben wollen oder nicht – dass wir normalerweise an andere Menschen gebunden sind. Keine Frau weiß, ob sie in fünf Jahren verheiratet, geschieden oder verwitwet ist, ob sie dann selbstständig sein oder einem Beruf außer Haus nachgehen wird, ob sie noch am selben Ort oder woanders wohnt. Und die meisten Frauen treffen diese Art von Entscheidungen keineswegs im Alleingang! Die Zukunft der meisten Frauen hängt zum großen Teil von den Menschen ab, mit denen sie leben und arbeiten."

Die unerwarteten und zufälligen Ereignisse verändern oftmals die Lebenssituation von Frauen stärker als die von Männern. Die Scheidungsstatistiken bestätigen, dass durch eine Scheidung viele Männer reicher, die meisten Frauen dagegen ärmer werden. Ich habe bereits geschildert, wie ich mit meinem Fünf-Jahres-Plan durch meine beiden Kinder ins Hintertreffen geriet. Ähnlich erging es Gloria. Als ihre Mutter chronisch krank wurde, mussten sie und ihr Mann ihr eigenes Haus verkaufen und in ein größeres mit der Mutter umziehen. Gloria widmete in den folgenden Jahren einen großen Teil ihrer Zeit und Kraft der Pflege ihrer Mutter und musste daher einige ihrer persönlichen Ziele hintanstellen.

Ein dritter Grund, warum Fünf- und Drei-Jahres-Ziele für Frauen wenig sinnvoll sind, ist der, dass Frauen, wie bereits zuvor erwähnt, nicht so sehr in Fünf-Jahres-Phasen leben, sondern in unterschiedlich langen Lebensphasen. Diese Phasen sind definiert durch unbestimmte Zeiträume wie „wenn die Kinder in die Schule kommen", „wenn sie studieren", „so lange meine Mutter bei mir wohnt", „bis zu meiner Rente", „solange ich noch hier wohne" oder „wenn ich mal nicht mehr in diesem Ausschuss mitarbeite". Realistisch gesehen kann keine Frau sich Langzeitziele setzen, es sei denn, sie passen in ihren gegenwärtigen Lebensabschnitt und greifen in die nächste absehbare Lebensphase über.

Welchen Sinn haben eigentlich Langzeitziele?

Auch wenn bei der Langzeit-Planung mit einigen trügerischen Gefahren zu rechnen ist, bietet sie dennoch viele Vorteile und kann uns helfen, Stress zu reduzieren.

*Die kluge Frau weiß: „Wenn du nicht planst,
planst du das Scheitern mit ein."*

Erstens kann die Langzeitplanung unserer Lebensziele uns davor schützen, Kraft und Zeit in die Ziele anderer Menschen zu investieren. Die Jahre vergehen, und wir stellen fest, dass wir unseren Zielen nicht näher gekommen sind als damals, da wir sie uns steckten!

Zweitens hilft uns eine Langzeitplanung, uns mit Bedacht zwischen verschiedenen Möglichkeiten zu entscheiden. Die meisten von uns haben mehr Möglichkeiten, als ihnen bewusst ist. Nehmen wir uns die Zeit und schauen in die Vergangenheit zurück! Ist es nicht erstaunlich, welche Fülle an Möglichkeiten Frauen heutzutage haben?

Drittens richtet die Langzeitplanung unser Augenmerk auf die Ziele unseres augenblicklichen Lebensabschnitts und verhindert, dass wir Ziele aufgeben, die für eine spätere Lebensphase wichtig sind.

„Als ich meine Ziele setzte", erzählt Anne, „habe ich mich gar nicht nach meinen eigenen Bedürfnissen gefragt. Die Pflege meiner beiden kleinen zuckerkranken Töchter war so zeitaufwendig, dass ich nichts anderes sein wollte als eine gute Ehefrau, Mutter und Lehrerin. Zehn Jahre lang habe ich mich nicht bemüht, mehr aus meinem Beruf zu machen. Dann bekam ich eines Tages einen Computerausdruck in die Hände. Da waren alle Lehrkräfte mit Namen aufgelistet, die seit langer Zeit keine Beförderung mehr erhalten hatten. Und ich stand ganz oben auf dieser Liste!

Was hatte ich bloß versäumt? Ich hatte doch eine vorzügliche Ausbildung mit einem exzellenten Abschluss und hatte sogar ein Sommerstipendium in Harvard bekommen! Das schmerzte! Als ich mir damals meine Ziele setzte, hatte ich nicht beachtet, wie viel mir akademische Weiterbildung bedeutet. Ich hatte geglaubt, ich könne meine Ziele von einst einfach hintanstellen. Ich hatte mich geirrt.

Ich möchte jeder Frau sagen: Der Herr hat dich nicht aus dieser Welt herausgenommen. Er ist in diese Welt gekommen, um mit dir in dieser Welt zu leben. Du musst mit ihm zusammen nach deiner Persönlichkeit suchen, deiner Kindheit, deinen Talenten, deinen bereits getroffenen Entscheidungen und deinen Hoffnungen. So kannst du erkennen, was dich treibt, und wo er dir helfen möchte, Veränderungen und Korrekturen vorzunehmen. Mach dir nicht vor, dass die Dinge, die alle Welt beeinflussen und gefangen halten – Krankheit, Verlust des Arbeitsplatzes, Stolz – dich verschonen werden. Auch du bist all dem ausgeliefert. Aber in dir stecken Kraftquellen, damit fertig zu werden. Nimm dir vor, jeden Tag sorgfältig und regelmäßig aus deinen Glaubensquellen zu schöpfen."

Ziele für einen bestimmten Lebensabschnitt setzen

Ich glaube, dass es für Frauen wichtig ist, bei der Langzeitplanung drei Schritte zu beachten:

1. Benennen Sie Ihren augenblicklichen Lebensabschnitt und nehmen Sie den Nächsten in Blick. Wo ist die Nahtstelle zwischen dem jetzigen und dem nächsten Lebensabschnitt? Gibt es zwischen dem heutigen und dem nächsten Lebensabschnitt wichtige Nahtstellen? Was erwarten Sie von dem nächsten Lebensabschnitt?

Ich gebe ein Beispiel. Mein augenblicklicher Lebensabschnitt heißt „Mutter zweier heranwachsender Buben". Das wird sich drastisch ändern, wenn unser jüngster Sohn in acht Jahren auf die Universität geht. Eine solche Übergangsphase zwischen heute und in acht Jahren gibt es dann, wenn der Älteste seinen Führerschein bekommt (in drei Jahren) und wenn der Jüngste den Führerschein macht (in sechs Jahren). Jede dieser Veränderungen beendet einen Lebensbereich von mir. Das bedeutet für mich auf der einen Seite Verlust, aber gleichzeitig Gewinn an Freiheit. Wenn meine Söhne die Universität besuchen, habe ich hoffentlich mehr Zeit zum Reisen und den Einsatz für die Hungerhilfe. Meine Langzeitziele betreffen dann die Zeit, während die Jungen noch zu Hause sind und ich Pläne dafür machen kann, was ich dann tun kann, wenn sie endgültig aus dem Haus gehen.

2. Denken Sie im Gebet über Ihre Lebensziele nach und überlegen Sie, wie sie zu Ihrem augenblicklichen Lebensbereich passen und zu dem nächsten voraussichtlichen Lebensabschnitt passen werden. Was ist Ihnen jetzt schon besonders wichtig für den nächsten Lebensabschnitt? Was möchten Sie vorerst zurückstellen oder weniger beachten? Was müssen Sie bereits heute tun, um den nächsten Lebensabschnitt vorzubereiten?

Ich spreche noch einmal beispielhaft von mir. Mir ist bewusst, dass ich in den kommenden Jahren den Jungen unbedingt beibringen muss, was sie brauchen, um später allein leben zu können. Gleichzeitig sind es die schönsten Jahre für uns als Familie. Wir können uns an den Kindern freuen. Andere Ziele müssen zurückgestellt werden, so lange ich mich auf unser Familienleben konzentriere. (Darf ich unter dem Aspekt unseren Neunjährigen unten in der Küche Makkaroni kochen lassen, während ich oben in meinem Arbeitszimmer an diesem Kapitel schreibe? Ja. Denn ich weiß, dass ich in den auf die Familie ausgerichteten Jahren die Schriftstellerei beibehalten muss, damit ich ihre spätere Universitätsausbildung mitfinanzieren kann!)

3. Setzen Sie für jede Kategorie Ihres derzeitigen Lebensabschnitts ein paar Ziele. Setzen Sie sich auch einige Ziele zur Vorbereitung Ihres nächsten Lebensabschnitts.

In meinem Fall setze ich mir Ziele zur Förderung meiner Kinder. Ich denke besonders an ihre Ferien und Erholungszeit. Außerdem möchte ich ihnen geistlichen Halt vermitteln, den sie besonders in der Pubertät brauchen. Gleichzeitig konzentriere ich mich auf das Schreiben und auf die Vermarktung meiner Bücher. Dagegen stelle ich meine ehrenamtlichen Tätigkeiten mehr in den Hintergrund. Ich will mich über Veröffentlichungen auf dem Laufenden halten und schaue mich schon jetzt nach Chancen um, die ich später nutzen kann.

Eine Denkweise, die ich nicht befürworte, ist, wenn Frauen nur „bis zu ihrer Heirat" planen. Eine Frau, die ihr Tun oder Sein nicht planen mag, weil sie auf einen Mann hofft, der ihr hilft, ihr Konzept zu finden, wird höchstwahrscheinlich auf zwei Möglichkeiten zusteuern: Entweder sie heiratet nicht und bleibt dadurch viel zu lange ohne festes Konzept; oder sie heiratet einen Mann, der ihr zu einem Konzept verhilft, und sie stellt anschließend fest, dass sie dieses Konzept nicht mag! Durch die Ehe werden Mann und Frau eins. Aber ich glaube und beobachte, dass Ehen gesünder sind, wenn jeder der beiden weiß, wer er oder sie ist und nicht erwartet, ein Spiegelbild des anderen zu werden. Ehepaare sind Menschen und keine Spiegel.

Noch ein Wort zum Thema „Jahresziele"

Auch wenn sie sich keine Langzeitziele setzen möchten, setzen Sie sich überschaubare, akzeptable Ein-Jahres-Ziele. Sie sind die Grundlage für Ihre monatliche, wöchentliche und tägliche Planung.

Vielleicht möchten Sie sich am liebsten kurz vor Ihrem Geburtstag Ziele setzen oder am Jahresende, um dann feststellen zu können, wie gut Sie die letzten Jahresziele erreicht haben. Warten Sie nicht so lange! Fangen Sie *heute* mit Ihrer Planung an! Sie können sie später jederzeit wieder revidieren.

Nachdenkenswertes

Holen Sie Papier, Bleistift und Ihre nach dem letzten Kapitel entworfenen Lebensziele.

Wie lauten die Ziele für Ihren augenblicklichen Lebensabschnitt?

1. Wo beginnt der nächste logische Lebenseinschnitt (in weniger als zehn Jahren; erwünscht oder notwendigerweise)? Schreiben Sie als Überschrift: Folgende Ziele sollen bis zum (Datum) erreicht werden.
2. Werfen Sie einen Blick auf Ihren Lebenszielentwurf. Fragen Sie sich bei jeder Kategorie: Was könnte ich im folgenden Lebensabschnitt tun, um dieses Ziel zu beginnen oder zu erreichen? Schreiben Sie jede Idee auf, die Ihnen dazu einfällt, gleichgültig, wie verrückt sie scheinen mag.
3. Betrachten Sie Ihre Listen und schätzen Sie unter Gebet realistisch ein, was Sie in dieser Zeit tatsächlich erreichen können. (Vielleicht stellen Sie dabei fest, dass eine Ihrer verrücktesten Ideen gut zu einer anderen Idee passt, die sich über lange Zeit eventuell verwirklichen lässt.)

   Vielleicht haben Sie dasselbe Ziel wie ich, noch viel von der Welt zu sehen. Für mich wäre es in den nächsten acht Jahren nur realistisch, ein weiteres Land kennen zu lernen. Möglicherweise können Sie es sich im Augenblick gar nicht leisten zu reisen. Dann können Sie sich mit den Ländern beschäftigen, die Sie kennen lernen möchten – eine Sprache lernen, sich Bücher über diese Länder besorgen oder sogar eine ausländische Studentin oder einen Studenten zu sich in die Ferien einladen. Vielleicht stoßen Sie aber auch auf ganz günstige Reiseangebote, sodass Sie sehr preiswert in das eine oder andere Land fliegen können.

   Ähnlich ist es mit dem Langzeitziel, Gott besser kennen zu lernen, ihn zu lieben und ihm zu dienen. Was wollen Sie in den nächsten fünf Jahren unternehmen, um Gott näher zu kommen? Vielleicht die persönliche Stille Zeit zum Gebet und Bibellesen verlängern? Oder eine Buchreihe über Glaubensfragen durcharbeiten? Sich einem Hauskreis anschließen oder auch selbst einen Hauskreis gründen? Sonntagsschule oder Kindergottesdienst halten, damit Sie sich intensiver mit der Bibel befassen müssen?

Achtung: Setzen Sie sich *überschaubare* Ziele! Selbst wenn Ihre Ziele bereits in eine bestimmte Richtung deuten, stellen Sie vorher genau fest, *in welche Richtung* sie gehen sollen.

4. Schreiben Sie in einem Satz für jedes Ihrer Lebensziele auf, welches Ziel Sie gerade in Ihrem derzeitigen Lebensbereich anstreben. In Anhang A finden Sie Beispiele.

5. Betrachten Sie alle Ziele aus finanzieller Sicht. Brauchen Sie für ein Ziel mehr Geld, als Sie im Augenblick aufbringen können? Welche Schritte wollen Sie unternehmen, um nach und nach dieses Geld anzusparen? Hier einige Vorschläge: Sparen Sie regelmäßig einen kleinen Betrag; suchen Sie sich einen besser bezahlten Job; machen Sie eine Fortbildung, damit Sie dadurch mehr Geld verdienen; greifen Sie eine Teilzeitbeschäftigung auf; kürzen Sie Ihre laufenden Ausgaben. In Kapitel 13 wird das Verhältnis zwischen Geld und Zielen noch einmal aufgegriffen.

Wie lauten Ihre Ein-Jahres-Ziele?

1. Schauen Sie in jeder Kategorie Ihre Ziele für den augenblicklichen Lebensabschnitt an. Was können Sie tun, um diese Ziele in den nächsten zwölf Monaten zu erreichen? Schreiben Sie alle Schritte auf.

2. Unter jeder Rubrik schreiben Sie alle anderen Dinge, mit denen Sie bereits in jedem Bereich beschäftigt sind, und dazu den entsprechenden Zeitaufwand: Sonntagsschulunterricht: 50 Sonntage, sechsmal eine Frauenstunde leiten, usw.

Ich weiß natürlich genauso gut wie Sie, dass in Ihrem Kalender Dinge stehen, die nicht in Ihrer Liste der Lebensziele vorkommen. Das wird sich sicher ändern - bis zum nächsten Jahr werden Sie wahrscheinlich das ein oder andere Ziel weiterstecken oder einiges aufgeben, was Sie im Moment noch tun. Dann allerdings sollte Ihre Ein-Jahres-Zielliste alle Verpflichtungen beinhalten, die Sie bereits haben und auch alle neuen, die Sie noch aufgreifen wollen.

3. Selektieren! Ziel ist, Stress zu reduzieren. Also ist es unklug, ellenlange Listen mit Aufgaben und Wünschen zu füllen, die wir rein zeitlich gar nicht in einem Jahr bewältigen können! Schauen Sie sich die Ein-Jahres-Ziele noch einmal an und fragen Sie sich:

- Wenn ich dieses oder jenes streiche, werde ich das in zehn Jahren bereuen?
- An was werde ich mich in zehn Jahren voraussichtlich nicht mehr erinnern?
- Was könnte ich in einem anderen Lebensabschnitt besser bewältigen?
- Wovon brauche ich mehr?
- Wovon brauche ich weniger?

Streichen Sie zwei bis vier Punkte aus jeder Kategorie. (Bedenken Sie, dass, ganz gleich, wie gut Sie Ihre Liste zusammengestellt haben, Sie auch noch hin und wieder kochen und essen, einige Berge Wäsche waschen, Kuchen für unvorhergesehene Gäste backen und noch einige Besucher in diesem Jahr beherbergen werden!)

4. Bewahren Sie alle Listen in Sichtweite auf! Nehmen Sie sich jeden Monat einmal Ihre Jahresziele vor, die anderen längerfristigen Ziele wenigstens einmal jährlich, und revidieren Sie Ihre Ziele, wenn nötig.

Jetzt haben Sie einen Lebensplan. Jetzt wollen wir uns damit beschäftigen, wie diese Planung auch wirklich funktioniert!

Kapitel 8
Du bist du!

Ich hatte an der Uni eine Zimmermitbewohnerin, die morgens ein-einhalb Stunden brauchte, um sich fertig zu machen! Erst wusch sie sich das Gesicht. Dann setzte sie sich auf die Bettkante und dachte ein bisschen nach. Danach bürstete sie sich das Haar, ganz, ganz langsam, und setzte sich danach noch einmal auf die Bettkante. Wenn sie sich etwas kochte, belegte sie die Küche für mindestens zwei Stunden. Und wenn sie einen Satz zu sprechen begann, lehnte man sich am besten erst mal zurück und wartete.

Und nun habe ich einen Sohn, der ist ganz genauso! Geht er vom Haus zum Auto, braucht er schon eine Ewigkeit. Wenn er seine Wäsche vom Fußboden aufsammeln soll, ist der Nachmittag um, denn dann baut er sich erst einmal imaginäre Straßen. Wäscht er Geschirr ab, betrachtet er ganz verträumt die Seifenblasen. Wenn er sich duscht, hockt er sich in das Becken und spielt „Krieg der Sterne". Dabei vergisst er völlig, dass er auf dem Weg ins Bett war.

Weil ich mich gern schnell bewege, schnell spreche und am besten unter Druck arbeiten kann, könnte der Gegensatz zwischen uns nicht größer sein. Durch unsere unterschiedliche Art, die Dinge anzupacken, treiben wir uns oft gegenseitig zum Wahnsinn.

Auch auf anderen Gebieten sind die Menschen unterschiedlich. Ein fürchterliches Durcheinander ist für viele Leute ein Zeichen von schlechter Organisation. Andere brauchen das Durcheinander, um kreativ zu sein. Für die einen zeigt sich Organisationstalent in aufge-räumten Schubladen und gut geführten Ordnern, für andere quillt Kreativität nur aus einem anscheinend grausamen Chaos. Wenn Sie wissen wollen, was für ein Typ eine Frau ist, dann brauchen Sie nur in ihren Kühlschrank zu schauen!

Ich bemühe mich immer noch darum zu lernen, dass *andersartig* nicht notwendigerweise *schlechter* bedeutet. Vor einigen Jahren haben mein Mann und ich den Myers-Briggs-Persönlichkeitstest gemacht[1], der die Stärken und Schwächen der verschiedenen Persönlichkeitstypen ausführlich beschreibt. Das war uns eine große Hilfe, denn jetzt können wir uns einordnen. Das erklärt zum Beispiel, warum Bob in aller Seelenruhe mit dem Streichen der Wohnzimmerdecke beschäftigt sein kann (er ist nämlich Phlegmatiker), während ich ausraste, weil in einer Viertelstunde Gäste vor der Tür stehen und er noch nicht fertig ist (ich bin Cholerikerin). Jetzt verstehen wir, warum Bob so gut logisch argumentieren kann (er ist ein Denker), während ich mich meist auf meinen sechsten Sinn verlassen kann (ich bin ein Gefühlsmensch). Wahrscheinlich war für unsere Ehe das Beste an diesem Test, dass beide Lebensstile als „annehmbare Verhaltensweisen" eingestuft wurden. Wir leben nicht immer auf dem Gipfel der gegenseitigen Akzeptanz, aber wir bemühen uns immer wieder neu, ihn zu erklimmen!

Am Anfang wollte ich dieses Buch nur für mir verwandte Seelen schreiben, für „Macher" also, die nach außen hin ein Durcheinander brauchen und innerlich organisiert sind. Ich dachte mir: „Sollen doch andere Frauen Bücher für die anderen Persönlichkeitstypen schreiben!" Dann interviewte ich tatkräftige, begnadete Frauen, die in ihrem Leben einen enormen Stress bewältigt hatten, und stellte fest, dass jede einzelne Frau anders ist. Aus jedem anderen Lebensstil können wir lernen und uns Erfahrungen zu Nutze machen.

Finden Sie heraus, was für ein Typ Sie sind! So kann Ihnen dieses Buch am besten helfen, Ihr eigenes, einmaliges Leben zu organisieren. Hassen Sie Druck oder beflügelt er Sie? Möchten Sie am liebsten in festen Bahnen leben oder lassen Sie sich gern spontan mitreißen – falls Sie nicht gerade unter Druck stehen? Putzen Sie, weil Sie es gern schön haben oder weil Sie Angst haben, was Ihr Besuch denken könnte, oder weil Sie wenigstens für jeden Gast einen freien Stuhl zum Sitzen brauchen? Ich kennen solche Frauen und Frauen, die noch ganz anders sind.

Eine Freundin, die davon erfuhr, dass ich das vorliegende Buch schreibe, schickte mir das Buch „Disciplines of a Beautiful Women"

(Disziplin einer wunderbaren Frau) von Anne Ortlund. Anne organisiert ihr Leben, indem sie alles in einem einzigen Notizbuch festhält, das sie immer bei sich trägt. Darin notiert sie Ziele, Arbeitspläne, Termine, Bibelverse und Zeitungsausschnitte. Ich brauche dazu den Computer, in den ich alles einordne, oder Ablagekörbe (mehr darüber in Kapitel 11). Es macht mir nichts aus, wenn ich gelegentlich in Stapeln wühle, wenn ich weiß, was in dem Stapel ist. Es gibt Tage, da geht bei mir alles drunter und drüber. An einem solchen Tag erhielt ich eine Notiz von der Schule, darauf stand: „Ihr Sohn hat seine Hausaufgaben verloren. Bitte geben Sie uns diese Notiz unterschrieben zurück." Ich musste eine andere Notiz zurückschicken: „Entschuldigen Sie, aber ich habe Ihre Notiz verloren. Das liegt wohl in der Familie." Jede von uns muss ihr eigenes System finden, das für sie funktioniert.

Elise ist durch und durch organisiert. Während wir miteinander sprechen, feilt sie sich die Fingernägel – die einzige ruhige Minute, die sie ihrer Meinung nach hatte, um sich mal auszuruhen. „Ich bin absolut organisiert", meint sie von sich selbst. „Ich kenne keine, die so lebt wie ich. Ich bin Teilhaberin einer Rechtsanwaltskanzlei und habe drei Büros in zwei Städten. Die meisten meiner Klienten sind allerdings schon älter. Darum fahre ich zu ihnen nach Hause und lebe praktisch in meinem Auto. Ich diktiere im Auto, telefoniere im Auto, ja, ich ziehe mich auch im Auto um, wenn es sein muss. Ich habe immer alles bei mir, was ich möglicherweise brauchen könnte – meinen ganzen Schmuck, meine Kosmetik und die notwendige Büroausstattung.

Auch im Haus ist alles durchorganisiert. Das ist ganz wichtig für mich. Was ich nicht unbedingt selbst erledigen muss, gebe ich ab. Jeden Morgen spreche ich als Erstes alle Hausarbeit mit meiner Hausangestellten durch, schau in meinen Terminkalender und rufe meine Mutter an, die mir die Einkäufe erledigt. Ihre Hilfe in den letzten 25 Jahren war für die Kindererziehung und mein Berufsleben Dreh- und Angelpunkt. Ohne sie wäre alles zusammen gar nicht möglich gewesen oder hätte nicht so viel Spaß gemacht. Als die Kinder noch klein waren, hatte ich natürlich mein Büro zu Hause und alle Termine auf den Abend verlegt, damit ich für die Kinder da war, wenn sie aus der Schule kamen. Meine jüngste Tochter geht im Herbst zur Universität.

Ohne meinen Terminkalender könnte ich gar nicht leben. Er enthält jede winzige Kleinigkeit, die ich heute, diese Woche und diesen Monat wissen muss. Auch alle privaten und geschäftlichen Telefonnummern. Immer wieder suche ich nach neuen Wegen, die Zeit noch besser zu nutzen."

Maxine und ich saßen an einem ruhigen Sonntagnachmittag in ihrem Wohnzimmer. Ihr Mann unterhielt sich inzwischen mit meinem Mann. „Ich führe ein geordnetes, aber kein diszipliniertes Leben", sagte sie. „Ich plane nicht groß, was ich in fünf Jahren tun werde – eine Aufgabe löst die andere ab. Ich konzentriere mich auf vier Bereiche: Erziehung, Soziales, Gesundheit und Mission. Auf anderen Gebieten übernehme ich keine Verantwortung.

Im Augenblick arbeite ich halbtags als medizinisch-technische Assistentin. Weil ich gern früh aufstehe, fange ich morgens um halb fünf an. Ich stehe um drei Uhr auf, jogge, arbeite acht Stunden und mache dann ein Mittagsschläfchen. Dann bleibt mir noch Zeit für Besuche und Ähnliches mehr. Einmal habe ich versucht, Kurse für Krankenschwestern zu geben. Das war vielleicht ein Stress für mich! Ich bin keine Lehrerin, und das Unterrichten lag mir überhaupt nicht. Daraus habe ich gelernt, mich auf das zu konzentrieren, was ich gut kann.

Unsere Kinder haben alle ihr Studium schon hinter sich bis auf die Älteste, die noch ein Aufbaustudium macht. Als die Kinder noch klein waren, wollte ich hin und wieder alles genau durchorganisieren. Wir stellten Arbeitspläne auf und teilten jedem Aufgaben zu. Aber die Pläne flatterten normalerweise in den Papierkorb. Ich habe nicht einmal darauf bestanden, dass die Kinder ihre Zimmer aufräumten. Ihre Zimmer sind ihre Zimmer. Natürlich, als sie klein waren, habe ich ihre Zimmer ganz ordentlich geputzt, aber ich sagte ihnen, ich würde ihnen ihre Zimmer nicht bis zu ihrem achtzehnten Lebensjahr putzen. Ich mache mir sowieso nicht viel aus Hausarbeit. Mein Mann sagt, dass es Frauen gibt, die ab dem 4. Juli bis Weihnachten staubwischen. Ich gehöre bestimmt nicht dazu, und ich mache es nur bei besonderen Gelegenheiten."

Eine solche „besondere Gelegenheit" wäre für Maxine ein Mittagessen für vierzig Personen, ein Hochzeitsempfang in ihrem herrlichen Garten, ein Brunch für ein Schulfest oder eine Geburtstagsfeier für eine 97-jährige Freundin. Der Grund, warum Maxine nicht regelmäßig zu putzen braucht, liegt vielleicht darin, dass sie so oft etwas Besonderes plant. So wird die Hausarbeit dann doch getan.

Gail und ich haben uns zwei Wochen vor der Hochzeit ihrer jüngsten Tochter zum Essen getroffen. Gail hat nur zweimal für kurze Zeit außer Haus gearbeitet, aber sie war jahrelang so gut wie vollzeitlich ehrenamtlich in ihrer Gemeinde und ihrer Stadt tätig. So hatte sie mit ihren Pastoren für eine Unterkunft für vorbestrafte Jugendliche in ihrer Stadt gesorgt, einen Wohltätigkeitslauf sowie jährliche Bankets für die Hungerhilfe organisiert und ein Programm zur Unterstützung von Flüchtlingen entwickelt. Außerdem unterrichtet sie in der Sonntagsschule, leitet zweimal im Monat einen Bibelkurs für Gastarbeiterkinder und ist Mitglied in zahlreichen kirchlichen Ausschüssen auf lokaler und überregionaler Ebene.

„Zum Glück ist mein Mann Richter", sagte sie. „Darum hat er regelmäßige Arbeitszeiten und konnte immer abends bei unseren kleinen Kindern bleiben, während ich die verschiedensten Sitzungen besuchte. Er half den Kindern bei den Schularbeiten und wusch das Geschirr ab. Wenn ich spät nach Hause kam und fragte: „Wer hat das Geschirr abgewaschen?", sagte er gewöhnlich: „Der Wellensittich." So ist Hausarbeit für mich zweitrangig geworden. Zum Glück bewohnen wir ein neues Haus, das leicht zu pflegen ist. Mein Tagesplan war so unregelmäßig, dass ich nie bestimmte Putz- oder Waschtage hatte. Die Hausarbeit wurde immer dann erledigt, wenn sie fällig war.

Ich mache vieles, aber am liebsten starte ich neue Missionsaktionen. Ich werde von einer Not inspiriert, rufe ein Projekt ins Leben und übertrage die Aufgaben dann anderen."

Bonnie und ich aßen bei ihr zu Mittag. Ihre Wohnung ist gleichzeitig ihr Büro. Wir unterhielten uns miteinander zwischen Telefongesprächen und einem Besucher. Sie sagte: „Ein diszipliniertes Leben kam mir immer so starr vor, und darum habe ich weitgehend darauf verzichtet. Ich brauche Menschen. Ich suchte mir Aufgaben, die mich mit Menschen in Kontakt bringen. Ein diszipliniertes, geordnetes Leben, so glaubte ich, würde mir Zeit für Menschen wegnehmen. Ich lerne gerade neu, was Ordnung für mich bedeutet.

Ich bin ein Nachtmensch. Darum ist meine Stille Zeit nachts, wenn niemand mehr um mich herum ist. Auch Büroarbeit mache ich spät – oft bis zwei Uhr morgens. Vor zehn Uhr vormittags sitze ich selten (vorzugsweise nie) an meinem Schreibtisch. Ich plane Menschen in meinen Tagesablauf ein – wie jetzt unser Mittagessen. Einmal in der Woche assistiere ich einem Seelsorger im Krankenhaus.

Zwänge, die ich mir selbst auferlegt hatte, habe ich wieder abgelegt. Mir wurde bewusst, dass ich damit nicht meiner eigenen Natur folge. Eine Zeit lang habe ich auf Empfehlung jeden Morgen eine halbe Stunde im Gebet zugebracht. Ich merkte, dass ich morgens nicht klar beten kann (frühmorgens kann ich nicht einmal klar denken). Für mich ist das nicht die richtige Art zu beten. Ich bin stattdessen mit Gott tagsüber laufend im Gespräch. Und wenn ich im Garten arbeite oder Gemüse zum Essen vorbereite, denke ich nach. Sich hinzusetzen und zu sagen: ‚So, jetzt verbringe ich eine halbe Stunde mit Gott‘, ist ganz fremd für mich.“

Jede Frau hat ihren eigenen Rhythmus!

Wie diese Frauen uns zeigen, ist der persönliche chemische Rhythmus ein Teil unserer Einmaligkeit. Wir können ihn für oder gegen uns einsetzen. Wichtig ist nur, herauszufinden, welches Ihre beste Tageszeit ist. Sind Sie ein Morgenmensch, der den Tag fröhlich begrüßt und schon vor acht Großes leistet? Oder bevorzugen Sie die ruhigen Abend- und Nachtstunden? (Eine Möglichkeit, hierauf eine Antwort zu finden, ist der Ehegatte. Da sich Gegensätze bekanntlich anziehen, sind Sie oft, was er nicht ist!) Wie viel Schlaf braucht Ihr Körper? Wann sind Sie erschöpft oder haben die wenigste Energie?

Auch unsere Tage haben einen Rhythmus, der durch den Tagesplan anderer vorgegeben wird – um welche Uhrzeit die Kinder in der Schule sind, wann die Arbeit beginnt etc. Wollen wir unseren günstigsten Tagesrhythmus herausfinden, müssen wir bedenken, wann wir die längste Zeitspanne ohne Unterbrechungen haben und wann uns unsere Zeit nur häppchenweise zur Verfügung steht.

Die Antwort auf diese Fragen kann uns helfen, größeren, kreativen oder schwierigen Aufgaben in unserem Zeitplan den Vorrang zu geben. Unsere Flautezeiten (mit wenig Energie) oder die „Häppchenzeiten" können wir für den Anruf beim Zahnarzt nutzen, zum Scheckausstellen, zum Wäschefalten, für schriftliche Routinearbeiten oder aber für einen Frisörbesuch.

Die kluge Frau weiß: „Wer weise mit Minuten umgeht, braucht sich um Stunden und Tage nicht zu sorgen!"

Ein Experte für Zeitmanagement empfiehlt: „Nutzen Sie die frühen Morgenstunden für Telefongespräche und kleinere Aufgaben, den späten Vormittag für kreative und schwierige Aufgaben. Nach dem Mittagessen muss der Körper verdauen. Erledigen Sie Kleinigkeiten und planen Sie Ihren nächsten Tag am späten Nachmittag." Offensichtlich hat dieser Mann nicht an die für eine Frau so wertvollen Stunden gedacht, wenn die Kinder im Kindergarten sind, noch an das Chaos am Nachmittag, wenn alle gleichzeitig nach Hause kommen oder die mitternächtliche Erholung nach einem langen Tag im Büro. Ganz sicher hat er auch keine Freunde wie Bonnie, die jeden Anruf vor zehn Uhr morgens strikt verweigern. Trotzdem können wir dieses Gerüst für einen typischen Tag – früher Morgen, später Vormittag, früher Nachmittag, später Nachmittag und Abend verwenden und mit den Dingen füllen, die wir tun müssen und tun möchten.

Um unseren Tagesrhythmus zu finden, ist es außerdem wichtig, uns unseren Wochen-, Monats- und Jahresrhythmus anzuschauen und Ereignisse und Jahreszeiten zu kennzeichnen, die voraussehbar Druck erzeugen. Verkäufer, Pastoren und Hausfrauen zum Beispiel wissen genau, dass Weihnachten eine hektische, aufreibende Zeit ist. Eltern und Lehrer wissen, dass Schulbeginn und das Ende eines

Schuljahres besondere Anforderungen stellen. Jeder, der ein Kind zur Sauberkeit erzogen hat, weiß, dass an diesem Tag (oder in diesen Wochen) eine Einladung zum Abendessen für zwanzig Personen nicht gerade angebracht ist. Manager und Verwaltungsangestellte wissen, dass in der Zeit des Jahresabschlusses meist starke Nerven gebraucht werden.

Mich überrascht, wie selten wir diesen Dingen Rechnung tragen, wenn wir die Jahresplanung für uns selbst machen. Vielleicht sollten Sie sich Zeit für einen Stresskalender nehmen, in den Sie Stresshöhepunkte eintragen und die Zeit vor dem Ereignis zur Vorbereitung sowie die Zeit nach dem Ereignis zum Abreagieren ihrer Familie oder ihrer Mitarbeiter berücksichtigen. Stimmung und Produktivität könnten dadurch verbessert werden. Ich empfehle Ihnen wärmstens eine „Erholungszeit" zum Ausfüllen von privaten und geschäftlichen Terminkalendern als wertvollen Planungsbeginn!

Betty erzählte mir: „Die Firma, in der ich arbeite, organisiert Festveranstaltungen, und wir arbeiten meist unter sehr großem Termindruck. Aber ab und zu leisten wir uns einen Abend und gehen zusammen essen oder leihen uns ein Video aus und machen Popcorn. Immerhin sind wir ein Festausschuss! Es ist uns sehr wichtig, unsere Erfolge zu feiern und uns von der Arbeit zu erholen."

Es gibt noch andere Rhythmen, die zum Stress beitragen. Früher einmal arbeitete ich in einem Büro, das regelmäßig an ein und demselben Dienstag im Monat seine Mitarbeiterversammlung abhielt. Bei drei von vier Frauen dieses Teams begann jedoch ihre Periode regelmäßig an genau diesem Dienstag im Monat. Eines Tages fragte unser Chef verzweifelt: „Was ist mit euch Frauen hier in diesem Büro bloß los? Kaum beginnt das Meeting, geht das Gejammer los!" Wir sagten ihm den Grund. Die Mitarbeiterversammlung wurde auf einen anderen Tag verlegt, und dadurch verbesserte sich schlagartig auch das Arbeitsklima.

Natürlich lassen sich nicht alle Planungen am Arbeitsplatz und in der Familie nach dem Menstruationszyklus der Frauen bestimmen. Und das wollen wir auch gar nicht. Dennoch bin ich überzeugt, dass gerade Frauen mit einem Konzept für Rhythmen ihre Umgebung positiv beeinflussen können.

Ich habe eine Zeit lang für zwei große Kirchengemeinden gleichzeitig gearbeitet, für jede Gemeinde halbtags. In der einen Gemeinde bestand der Mitarbeiterkreis ausschließlich aus Frauen, in dem anderen dominierten die Männer. Die beiden Arbeitsgruppen hatten ganz verschiedene Arbeitsstile. Die Frauen trafen sich zweimal die Woche locker zum Austausch und Gebet bei Kaffee und Kuchen. Die Männer hatten an jedem Freitag eine Andacht, die einer der Pastoren durchführte. Die Mitarbeiter hatten allerdings oft keine Zeit, daran teilzunehmen. Die Frauen tranken jeden Tag eine Tasse Kaffee zusammen, wobei Theologinnen und Laien gleichermaßen aneinander Anteil nahmen. Die Männer tranken ihren Kaffee am Schreibtisch. Die Frauen trafen sich einmal im Monat zu mitgebrachtem Essen, wo von Konferenzen und Reisen im Zusammenhang mit der Arbeit berichtet und alles gefeiert wurde, was ihnen wichtig war. Auch die Männer trafen sich einmal in der Woche mit ihren Sandwiches zur Mitarbeiterbesprechung. Jeden Monat feierten die Frauen ein Geburtstagsfest. Die Männer hingegen feierten nie zusammen, außer mal kurz nach Feierabend. Die Frauen gaben ihren reisenden Mitarbeiterinnen am nächsten Tag Zeit zum Ausschlafen, wenn sie am Wochenende oder bis in die Nacht unterwegs gewesen waren. Die Männer erwarteten ihre Reisenden am nächsten Morgen pünktlich zur Arbeit. Beide Gruppen leisteten enorm viel, doch die eine Gruppe hatte dabei außerdem viel Spaß und Freude und schaffte sich Freunde fürs Leben.

Ganz sicher kennen wir alle Frauen, die den männlichen Managertypus darstellen und Männer, die den weiblichen Arbeitsstil bevorzugen. Eine meiner Freundinnen unterteilt die Menschen in zwei Typen: Arbeiter und Spieler. Aber so einfach ist das nicht, finde ich. Ich glaube, dass alle Arbeiter Wege zum Spielen finden und alle Spieler sehr viel arbeiten können. Wichtig ist nur, unseren inneren und äußeren Rhythmus zu suchen und sicherzustellen, dass wir uns für „alle Dinge unter dem Himmel" Zeit nehmen dürfen und nicht nur für die Arbeit.

Nachdenkenswertes

Finden Sie heraus, wann Sie ungestört sind!

1. Entdecken Sie Ihren täglichen Rhythmus. Denken Sie an die letzten drei Tage. Wann haben Sie die meiste Energie verspürt? Wann waren Sie abgeschlafft?
2. Schauen Sie in Ihrem Kalender den nächsten Monat an und teilen Sie ihn ein in: früher Morgen, später Vormittag, früher Nachmittag, später Nachmittag, Abend.
3. Welcher Zeitabschnitt eignet sich für Sie am besten für wichtige Dinge (Zeiten, in denen Sie am intensivsten arbeiten können und am wenigsten unterbrochen werden)?
4. Wann geht Ihnen Ihre Hausarbeit am besten von der Hand: Geschirr spülen, Wäsche waschen, aufräumen?
5. Wann ist die günstigste Zeit, Dinge zu erledigen, die Sie ungern tun? (Alle müssen für derartige Arbeiten Zeit aufwenden – man schätzt, dass jeder etwa 10 % seiner Zeit für unangenehme Aufgaben benötigt.)
6. Bevor wir im nächsten Kapitel zur spezifischen Planung übergehen, streichen Sie mit Bleistift alle Punkte im nächsten Monat an, die Sie mit der Verwirklichung Ihrer wichtigsten Ziele verbringen wollen. Unterstreichen Sie die Zeiten, in denen Sie kleine oder unwesentliche Dinge erledigen können. Halten Sie mindestens einen Zeitabschnitt zu Ihrem Vergnügen frei!

Betrachten Sie den Rhythmus für das folgende Jahr

1. Schauen Sie sich die nächsten zwölf Monate an. Wo geraten Sie voraussichtlich unter Druck? Sparen Sie in Ihrem Kalender die Zeit vor jedem größeren Ereignis aus. Wenn Ihr Terminkalender dicht belegt ist, sollte Ihre terminfreie Zeit direkt vor dem größeren Ereignis liegen. Achten Sie darauf, dass Sie hier nichts einplanen! Wenn Sie sich lieber langfristig vorbereiten, planen Sie rechtzeitig genug, damit Sie nicht unter den gehassten Druck geraten.

Wenn Sie wissen, was Sie vorzubereiten haben – Unterrichtsvorbereitungen, Basteln von Weihnachtsgeschenken etc. – machen Sie sich einen Jahresplan und berücksichtigen Sie diesen ebenfalls. Versprechen Sie sich selbst, festzubleiben, wenn andere Sie ablenken wollen!

2. Berücksichtigen Sie Zeit zur Erholung nach einer Anspannung!. Träumen Sie von einem oder zwei Festen, die Sie gern feiern würden.

Nun können wir endlich über unsere Verantwortung vor Gott für unser Leben reden, damit wir Zeit haben, das zu tun, was für jede von uns das Wichtigste ist. Und wir wollen unsere Aufgaben dankbar und aus frohem Herzen aufgreifen. Zeitplanung muss man lernen wie Lesen oder Autofahren.

Im Anschluss wollen wir sehen, wie man plant, wann man plant und was dazugehört, ein Jahr, einen Monat und eine Woche im Voraus zu durchdenken.

Kapitel 9

Der richtige Augenblick ist jetzt!

Wann ist die richtige Zeit zum Planen? Meine Antwort: Wie viel Zeit steht Ihnen denn zur Verfügung?

Die Jahresplanung kann eine Stunde oder länger dauern. Ich mache sie immer in der Woche vor dem Jahreswechsel. Die Monats- und Tagesplanung braucht wesentlich weniger Zeit. Der Sonntagnachmittag oder -abend eignet sich für mich am besten dazu. Doch bei jeder Frau ist es anders. Finden Sie die für Sie geeignete Zeit heraus, in der Sie nicht unterbrochen werden und konzentriert arbeiten können.

Wie planen wir?

Sobald wir wissen, was wir (mit unseren Jahreszielen) erreichen wollen, umfasst die Planung vier Schritte:

1. Teilen Sie Ihre Ziele in zeitlich begrenzte Arbeiten ein.
2. Unterteilen Sie diese Arbeiten in Gruppen.
3. Suchen Sie nach gleichartigen Arbeiten.
4. Entscheiden Sie, wann jede Arbeit getan werden soll.

Die kluge Frau weiß: „Man erledigt keine Ziele, sondern bestimmte Aufgaben, um diese Ziele zu erreichen."

Arbeiten lassen sich in drei Größenordnungen unterteilen:

Große Arbeiten, die mehr als eine halbe Stunde in Anspruch nehmen: zum Beispiel ein Schlafzimmer tapezieren, Ferienspiele organisieren, einen Jahresbericht oder dieses Kapitel schreiben.

Kleine Arbeiten, die einen Zeitaufwand von zehn Minuten bis zu einer halben Stunde umfassen: den Boden Staub saugen, Leute anrufen, die Kuchen für die Ferienspiele vorbeibringen oder ein Memo schreiben.

Sofort erledigte Arbeiten, die weniger als zehn Minuten dauern: den Tapetenladen anrufen, Vergessenes auf den Einkaufszettel schreiben oder den Jahresbericht vom letzten Jahr hervorholen (wenn man weiß, wo er liegt).

Arbeiten sind außerdem unterschiedlich gewichtet: es gibt *kritische* und *unkritische* Aufgaben. Kritische Aufgaben gibt es in allen Größenordnungen – zum Beispiel ein Haus einrichten oder ein Büro, oder aber der Schwester zum Geburtstag gratulieren.

Die Kunst des Planens besteht darin, beim Einsatz von großen Aufgaben, die viel Zeit erfordern, sicherzustellen, dass kleine kritische Aufgaben Vorrang haben und weniger kritische Aufgaben so geschickt eingeschoben werden, dass sie nicht zu viel Zeit verschlingen.

Bei der Zubereitung einer Mahlzeit folgen wir immer einem bestimmten Plan. Stellen Sie sich vor, Sie wollen ein Menü aus gebratenem Hähnchen, Reis und Soße, grünen Bohnen, Pudding und Eistee zubereiten. Wir braten schließlich nicht zuerst das Hähnchen und stellen es zur Seite, während wir anschließend das Wasser für den Reis aufsetzen. Wir nehmen uns auch nicht erst dann die Bohnen zur Hand und ziehen sie ab, wenn der Reis bereits fertig ist, oder rühren ganz zum Schluss den Pudding an – zumindest werden die meisten von uns nicht so arbeiten.

Automatisch machen es die meisten von uns folgendermaßen:

- Wir machen uns einen gedanklichen Plan, in welcher Reihenfolge wir was erledigen müssen („Hähnchen braten" bedeutet in Wirklichkeit: das Hähnchen aufschneiden, abwaschen, Öl erhitzen, Fleisch hineinlegen, vierzig Minuten braten lassen).

- Wir teilen einige Arbeiten in Gruppen ein, die vorbereitet und zur Seite gestellt werden können (Bohnen waschen, abziehen, schneiden).

- Wir denken über gleichartige Arbeiten nach, die sich zusammenlegen lassen (Wasser für Tee und Milch für Pudding aufsetzen).

- Wir planen genau, wann was zu tun ist. (Der Pudding wird einige Stunden vor der Mahlzeit zubereitet, das Huhn muss eine Stunde vor dem Essen aufgesetzt, die Bohnen müssen eine Stunde gekocht werden, die Soße wird kurz vor dem Essen zubereitet und das Eis wird erst dann geholt, wenn schon fast alle am Tisch sitzen.)

Nachdem wir diese ganze Checkliste durchgearbeitet haben, kann die Mahlzeit beginnen!

Planen bedeutet auch, dass wir unser Tempo unserem Lebensablauf anpassen. „Es gibt zwei Dinge, die mich zur Verzweiflung bringen", sagt Betty. „Es klingt paradox. Das eine ist: Wenn es zu hektisch wird, bin ich pausenlos hier und dort beschäftigt und beginne tausend Dinge gleichzeitig. Und die andere Sache ist, dass mich manche Angelegenheiten so in Beschlag nehmen, dass alles andere liegen bleibt. Ich schrieb zum Beispiel an einem Lied, als meine Tochter mich um etwas bat. Ich vertröstete sie auf später und wollte mich nicht stören lassen. Sie bat mich immer wieder, aber ich machte weiter. Schließlich stürmte sie ins Zimmer und rief: ‚Mama, mich hast du ganz vergessen. Alles andere ist dir wichtiger!' Wir müssen einfach das richtige Maß finden."

Die kluge Frau weiß: „Ziel deiner Planung ist es, Stress abzubauen. Gib dich nicht zufrieden, bis du das erreicht hast!"

Auf den folgen Seiten erkläre ich einen detaillierten Planungsablauf. Bevor wir damit beginnen, lassen Sie sich warnen: Eine gewisse Pla-

115

nung ist notwendig und hilfreich, zu viel Planung kann allerdings gefährlich werden und uns von der Erledigung wichtiger Aufgaben abhalten. Experimentieren Sie selbst, wie viel Planung Sie brauchen, um dem Stress in Ihrem Alltag zu begegnen.

Unsere Familien gehören nicht auf den Opferaltar

Viele Unternehmen brauchen heute Mitarbeiter, mit denen sie Jahresarbeitsziele durchziehen. Ich habe durch eigene schmerzliche Erfahrung festgestellt, dass, sobald wir Berufsziele mit persönlichen, Familien- und Gemeindezielen vermischen, ein Ziel das andere ausschließt. Haben die Berufsziele eines Elternteils Priorität vor der Familie, leidet die Familie. Üben beide Elternteile Berufe mit Priorität aus, ist Gefahr im Verzug. Das kann fatale Folgen für alle Familienmitglieder haben.

Mein Mann ist der Ansicht, dass manche Menschen ihre Berufsziele an die erste Stelle setzen, weil sie nie Zeit hatten, persönliche Ziele oder Ziele für die Familie anzustreben. Mag sein. Ich glaube vielmehr, dass einige Leute ihre Berufsziele voranstellen, weil sie tatsächlich davon überzeugt sind, dass ihre Berufsziele wichtiger sind als ihre persönlichen Ziele oder gar die Ziele ihrer Familie. Diejenigen, die geistliche oder soziale Berufe haben, sind besonders häufig der Ansicht, dass sie ihren Leib oder den ihrer Angehörigen „als lebendiges Opfer" für Gott auf den Altar legen sollten. Doch auch Jesus hat sich regelmäßig von seiner Arbeit in die Einsamkeit zurückzogen, um für sich allein zu sein oder Gemeinschaft mit seinen Jüngern zu pflegen.

Donna nennt noch einen anderen Grund, warum wir allzu gern berufliche Ziele unseren persönlichen Zielen voranstellen: „Wenn ich meinen Lebenslauf schreibe, kann ich ganz leicht erkennen, ob und inwieweit ich beruflich vorangekommen bin. Persönliche und familiäre Erfolge sind dagegen nicht leicht einschätzbar. Solange die Kinder nicht erwachsen sind, lässt sich die Verwirklichung der für die Familie gesetzten Ziele oft nicht erkennen. Auch sehen wir meist erst im Rückblick auf lange Ehejahre, wie wir menschlich miteinander vorangekommen sind. Das Logbuch für uns persönlich und unsere Familie ist unser Leben."

Auch wenn es anfangs schwierig ist, müssen wir Frauen lernen, dass sich persönliche, familiäre und berufliche Ziele die Waage halten. Jeder Bereich hat sein eigenes Gewicht. Dabei müssen wir nicht nur darauf achten, was wir tun, sondern auch, wer wir durch unser Tun werden.

Die Planung eines ganzen Jahres

Für unsere Jahreszielplanung brauchen wir Zeit, einen ungestörten Ort, Papier, Stift und einen Kalender mit genügend großen Zwischenräumen, in die Sie alles schreiben können, was Sie bedenken wollen. So wird Ihr Kopf frei, und Sie brauchen nicht mehr an alles zu denken – Ihr Kalender übernimmt diese Aufgabe für Sie.

Ob Sie einen privaten und einen geschäftlichen Kalender führen möchten, hängt ganz davon ob, wie stark Ihr Beruf in Ihr Privatleben hineinreicht. Falls Sie einen regelmäßigen Job haben, der nur selten mit ihren häuslichen Plänen in Konflikt gerät, können Sie einen geschäftlichen und einen privaten Kalender führen. Sollten Sie dagegen Schichtdienst haben oder telefonisch für Notfälle Tag und Nacht erreichbar sein oder Geschäftsreisen machen müssen, sollten Sie lieber einen geschäftlichen und privaten Kalender in einem führen. Stimmen Sie auf alle Fälle Ihren Kalender mit den Plänen Ihrer Familienmitglieder ab, damit sie nicht in Zeitprobleme geraten.

Nachdenkenswertes

Anhang A zeigt, wie eine vollständige Planung aussehen kann, angefangen bei der Formulierung der persönlichen Lebensziele hin zu einer jährlichen, monatlichen, wöchentlichen und täglichen Planung.

1. Schreiben Sie alle großen Arbeiten auf, die nötig sind, Ihre Jahresziele zu erreichen (auf kleine und schnell erledigte Arbeiten kommen wir später zurück).
2. Unterteilen Sie diese Arbeiten in Zeitabschnitte. Nummerieren Sie die Arbeiten und machen Sie damit deutlich, welche Arbeiten vorrangig erledigt werden müssen oder können.
3. Schauen Sie nach Arbeiten, die Sie kombinieren können. Wenn eine oder mehrere Arbeiten auf der Liste zusammengefasst werden können, dann suchen Sie sich eine Zeit aus, in der Sie alle Aufgaben gleichzeitig erledigen können.
4. Suchen Sie nach gleichartigen Arbeiten, die mehr als einem Ziel dienen. Kennzeichnen Sie diese mit einem besonderen Symbol.
5. Stellen Sie einen Zeitplan auf.
6. Schreiben Sie neben jede Arbeit den Monat oder die Monate, in denen Sie diese Aufgaben erledigen wollen. (Wenn Ihr Ziel ist, eine neue Gewohnheit anzunehmen, bedeutet das beständige, regelmäßige – oft tägliche – Arbeit.)
7. Erstellen Sie Listen zu den monatlichen auf Ihre Ziele hin gerichteten Arbeiten. Sie werden diese Listen bei der Monatsplanung benötigen.
8. Wenn Sie das vor sich liegende Jahr betrachten und den Arbeitsaufwand, der zur Erreichung einiger Ziele notwendig ist, merken Sie möglicherweise, dass dazu ein Jahr nicht ausreicht. Teilen Sie sich Ihre Arbeit entsprechend auf mehrere Jahre ein. Welche Aufgaben wollen Sie in diesem Jahr erfüllen? Welche im nächsten?

Monatsplanung

Wenn für Sie feststeht, welche Schritte Sie gehen müssen, um Ihre Jahresziele zu erreichen, und welche Schritte in welchen Monaten zu unternehmen sind, dann brauchen Sie jetzt zur Monatsplanung Ihre privaten und geschäftlichen Terminkalender. Nun gilt es, Ihren bisherigen Zeitplan entsprechend zu ergänzen.

*Die kluge Frau weiß: „Opfere niemals das Wichtige
zu Gunsten des Eiligen. "*

Überdenken Sie, ob Ihnen wirklich alle Terminpläne vorliegen, denn, wenn an einer Stelle Zeitdruck entsteht, wirkt sich das auf die nächstliegenden Gebiete aus. Sie brauchen außerdem Ihre Arbeitsliste für den zu planenden Monat.

Schreiben Sie auf, was Sie bereits wissen

1. Notieren Sie in Ihren privaten Kalender jeden einzelnen Punkt – Sport, Mahlzeiten, Bibelstudium, ehrenamtliche Tätigkeit in einer Woche, Fahrten außerhalb der Stadt für jedes einzelne Familienmitglied, Schulferien oder Urlaub, Gäste und alles, woran Sie denken müssen. Alles, was Sie jetzt vergessen, kann Sie später behindern. In Ihren Geschäftskalender (sofern Sie einen getrennten Kalender führen) notieren Sie jede geplante Fahrt, Sitzung, Verabredung und jeden Termin.

2. Suchen Sie in Ihren Kalendern nach wichtigen Fristen. Markieren Sie alle Stresszeiten in beiden Kalendern. (Unterstreichen Sie zum Beispiel Engpässe zu Hause oder bei der Arbeit mit Gelb). Auf diese Weise können Sie sofort erkennen, wann Sie keine weiteren Termine machen können.

3. Wenn Sie mit anderen zusammenleben, vergleichen Sie Ihre monatlichen Kalender. Notieren Sie Überschneidungen oder Ergänzungen. (Können wir in einem Auto fahren? Brauchst du Getränke für deine Konferenz? Ist dein Mann oder deine Zimmerkameradin oder Freundin in dieser Woche verreist, und bist du allein?) Schreiben Sie auch die Tage auf, an denen der Einzelne besonders gefordert ist. Dann kann die Familie vielleicht einspringen und helfen. Planen Sie im Voraus für besondere Herausforderungen leichte Mahlzeiten ein, Erholungspausen und eine Zeit zum Ausspannen nach dem Stress.

4. Berücksichtigen Sie besondere Ereignisse wie Geburtstage und Familienfeste. Schreiben Sie um das bestimmte Datum herum alles auf, was zu erledigen ist, damit Sie rechtzeitig fertig sind. Wenn Ihre Mutter zum Beispiel am achtzehnten Geburtstag hat, wann müssen Sie dann das Geschenk kaufen? Wann müssen Sie es abschicken?

5. Sind Sie mit dem bisherigen Ablauf des Monats zufrieden? (Wir wissen alle, dass der Terminkalender erst eine Woche vorher so richtig voll wird.) Haben Sie ungestörte, längere Zeitabschnitte für wichtige Ziele vorgesehen, für den Abschluss eines Projekts oder für bestimmte Termine? Wenn Sie keine Zeit übrig haben, an einem Ziel zu arbeiten, in dem Sie vorankommen möchten, was lässt sich kombinieren oder was lässt sich absagen? Lässt sich eine Fahrgemeinschaft für die nächste Fußballsaison organisieren? Könnte ein längeres Telefongespräch eine Geschäftsreise überflüssig machen?

6. Schauen Sie sich die Termine für diesen (und den nächsten) Monat an und prüfen Sie, welche für Ihre wichtigsten Ziele nicht unbedingt erforderlich sind. Teilen Sie sich die Arbeit in kleine Abschnitte ein und schreiben Sie auf, wann Sie die Teilabschnitte erledigen wollen, damit Sie rechtzeitig fertig sind und nicht unter Druck geraten.

Schreiben Sie in Ihren Kalender Arbeiten, die zu Ihren Jahreszielen führen und monatlich erledigt werden müssen

1. Vergleichen Sie Ihren Kalender und Ihre Arbeitsliste mit den großen Arbeiten, die Sie Ihren Zielen näher bringen. Stehen die meisten monatlichen großen Aufgaben bereits in dem Kalender? Falls nicht, überlegen Sie, welche Zeitblocks können Sie für große oder schwierige Aufgaben reservieren? Schaffen Sie sich solche ungestörten Zeiteinheiten – denn niemand kann das für Sie tun. Auf die kleinen Arbeiten komme ich zu sprechen, wenn wir über Wochenpläne sprechen.

Man braucht ungefähr dreißig Tage, wenn man eine neue

Gewohnheit einschleifen will (wie Gebetszeit, früher zu Bett gehen, usw.) Schreiben Sie sich das Ziel einen Monat lang für jeden Tag auf. Wenn diese neue Gewohnheit zur Routine und zu einem Teil Ihres regelmäßigen Tagesablaufs geworden ist, können Sie darauf verzichten. Am Anfang ist es besser, eher zu viel als zu wenig schriftlich festzulegen.

2. Am Ende eines Monats schauen Sie sich alle Arbeiten an, die Sie nicht erledigt haben. Was wollen Sie damit machen? Diese Aufgaben streichen? Sie aufschieben? Mit in die Planung für den nächsten Monat übernehmen?

Bitte bedenken Sie: Manches Mal erledigen wir eine Arbeit nicht, weil wir getrödelt haben (in Kapitel 12 wird die Rede von solchen so genannten Trödelfallen sein). Aber manchmal erledigen wir die Arbeit nicht, weil sie nicht mehr so wichtig ist, wie wir geglaubt haben, oder nicht mehr notwendig erscheint. Dann streichen Sie diese Aufgaben. Es ist *Ihre* Arbeitsliste, und *Sie* entscheiden, was Sie eintragen oder nicht.

3. Was haben Sie in diesem Monat zu Ihrem Vergnügen geplant? Schreiben Sie auch das in Ihren Kalender.

Wochenplanung

In einem Buch über Zeitmanagement und Erfolg habe ich gelesen, dass wir schätzungsweise mit jeder Minute, die wir auf die Planung einer Woche verwenden, zwischen fünf und fünfzehn Minuten einsparen. Demnach kann eine Planung von dreißig Minuten mehr als sieben Stunden in der Woche freisetzen. (Benötigen wir mehr Zeit für die Erstellung eines Wochenplans, wird die Zeitersparnis weniger effektiv sein, meint der Autor.) Ein Wochenplan lässt sich ganz ähnlich wie ein Monatsplan aufstellen, allerdings ist er präziser und weniger zeitaufwendig.

Inzwischen hat sich Ihr Kalender – oder haben sich Ihre Kalender – gefüllt. Es sind einige unvorhergesehene Termine dazugekommen, z. B. hat Sie jemand daran erinnert, dass Sie den Unterricht für die nächste Gemeindebibelstunde vorbereiten wollten, Ihr Chef sagt

Ihnen, dass Sie schnellstens eine wichtige Geschäftsreise übernehmen müssen oder Sie werden unverhofft und kurzfristig zu einem Geburtstag eingeladen. All diese Termine haben Sie natürlich fein säuberlich in den Wochenkalender eingetragen.

Und nun können Sie die hektische kommende Woche unter die Lupe nehmen und entscheiden, wie Sie etwas Zeit gewinnen für das, was Sie eigentlich tun wollten.

1. Bringen Sie Ihren Wochenkalender auf den neuesten Stand. Prüfen Sie mit Ihren Familienangehörigen oder Mitarbeitern, wo und wie Sie kooperieren können. Schauen Sie auch zurück auf die vergangene Woche und greifen Sie die Punkte auf, die noch erledigt werden müssen.

2. Haben Sie bis hierher alle Aufgaben gemacht? Dann müssten Sie bereits für diese Woche Zeit reserviert haben, die Ihnen für Ihre Langzeit- und Lebensziele zur Verfügung steht. Kleine Aufgaben können zwischen anderen Aktivitäten erledigt werden. Mini-Arbeiten erfordern winzige Zeitabschnitte – wie ein Telefongespräch führen oder jemandem etwas vorbeibringen. Arbeiten verschiedener Größenordnung haben den Vorzug, dass Sie Ihnen das Gefühl geben, Ihre Ziele trotzdem zu erreichen.

* * * * * * * * * * * * * * *

Die kluge Frau weiß: „Unterschätze nie die Kraft,
die von einer gut erledigten Arbeit ausgeht."

* * * * * * * * * * * * * * *

3. Schauen Sie sich die kommenden Wochen genau an. Wenn Sie sehr ungern unter Druck arbeiten, dann arbeiten Sie jede Woche in diesem Monat auf einen Tag X im nächsten Monat hin. Was müssen Sie tun, um sich in dieser Woche ohne Panik auf den nächsten Termin zuzubewegen? Wenn Sie unter Druck aufblühen, dann überlegen Sie: Welche Termine erscheinen mir im Augenblick nahe genug, um loszulegen und den Termin zu halten? Wann wollen Sie in dieser Woche auf Ihre Termine hinarbeiten? Reservieren Sie sich diese Zeit.

4. Schauen Sie sich den Ablauf Ihrer Woche an. Ist das alles zu viel auf einmal? Welche Einschnitte lassen sich planen? Sind die Aufgaben zu verschieden und lassen sich nicht unter einen Hut bringen? Was kann aufgehoben und was verschoben werden?

5. Was haben Sie zu Ihrem Vergnügen in dieser Woche geplant? Wann haben Sie das vorgesehen? Vielleicht meinen Sie, ich sei vergnügungssüchtig. Bob und ich neigen beide allerdings eher zur Arbeitswut. Erst, als er beinahe ein Jahr lang arbeitslos war, entdeckten wir die Wichtigkeit kleiner Erholungspausen. Ich wurde damals gefragt: „Wie können Sie in Ihrer Lage so herzerfrischend lachen?" Wir lachten, weil wir uns Zeit nahmen, uns aneinander und unseres Lebens zu freuen, und zwar auf eine ganz einfache und preiswerte Weise: Wir machten Radtouren mit den Kindern, gingen Schwimmen, liehen uns ein Video aus und machten uns Popcorn und Limonade dazu, spielten Familienspiele oder zogen uns jeder für sich mit einem Solitaire-Spiel zurück, lasen zum bloßen Vergnügen. Die Arbeitslosigkeit lehrte uns die Weisheit einer ausgeglichenen Lebensweise.

Auswertung

Auswertung ist ein richtig trockenes Wort, finde ich. Gloria meint dazu: „Jedes Jahr zwischen Weihnachten und Neujahr und im September, wenn Herb und ich eine Woche an der See sind, halte ich Rückschau und denke über meine Lebensziele nach. Ich frage mich: Wo stehe ich in diesem Augenblick in meinem Leben? Was sagt mir Gott im Rückblick? Wohin wird mich Gott im kommenden Jahr führen? Welche Richtung hat Gott für mich vor? Am Ende eines jeden Jahres feiere ich die erreichten Ziele und überlege mir, was ich in dem kommenden Jahr tun möchte. Ich stelle fest: Schwerpunkte meiner Ziele sind mein Beruf und die Gemeindearbeit, weniger die Beziehung zu meiner Familie. In diesem Bereich sollte ich meine Ziele ausweiten."

Beth meint: „Von Zeit zu Zeit überdenke ich meine Ziele neu. Bin ich zu einseitig geworden? Setze ich mich an anderer Stelle zu wenig ein? Ich weiß auch, dass meine Kinder, besonders die jüngeren, leicht beeinflussbar sind und sich durch den Zeitgeist mitreißen lassen. Darum muss ich mich fragen: ‚Verbringe ich genug Zeit mit meinen Kindern?'

Ich bewerte jeden Monat und jedes Jahr einzeln, weil ich Klarheit haben will, welche Aufgaben erledigt wurden und ob sie mich meinen bis zum Jahresende gesteckten Zielen näher gebracht haben. Ich möchte wissen, welche Aufgaben nicht erfüllt wurden und warum nicht. Habe ich aufgegeben? Habe ich mich überschätzt? Sind diese Aufgaben wirklich von Wert für mich? Einmal im Jahr halte ich Rückschau und überlege, ob das, was ich in dem letzten Jahr getan habe, mich meinen Zielen näher gebracht hat, die ich bis zum Ende des augenblicklichen Lebensabschnitts erreichen will."

Planung ist also, wie wir bereits festgestellt haben, das Werkzeug, mit dem wir unser Leben zu dem formen, was es unserer Meinung nach werden soll und zu dem wir es machen möchten. Die Bewertung oder der Rückblick schärft dieses Werkzeug.

Kapitel 10

Den Tag in den Griff bekommen

Wie schnell die Zeit vergeht! Jedem von uns stehen vierundzwanzig Stunden täglich zur Verfügung, sieben Tage in der Woche, zwölf Monate im Jahr. Warum schaffen einige Frauen so viel mehr als andere?

Während des Schreibens an diesem Buch lernte ich Martha kennen. Sie ist mit ihrer derzeitigen Lebenslage höchst unzufrieden. „Fünfundzwanzig Jahre lang haben wir als Missionare in Korea gearbeitet. Ich habe vier Kinder groß gezogen und Missionarskinder unterrichtet. An zwei Universitäten, zwei Bibelschulen und in einem Betrieb gab ich Englischunterricht und war freie Mitarbeiterin bei einer englischsprachigen Studentenzeitung. Zum Schreiben nahm ich mir jeden Tag drei Stunden Zeit. Im Durchschnitt beköstigten wir monatlich 135 Gäste und hatten neun Übernachtungen. Und doch war ich nie so gestresst wie ich es heute bin, seitdem wir wieder in Amerika leben. In Korea hatte ich anscheinend viel mehr Zeit und Geld, und ich konnte Dinge tun, die meiner Meinung nach für Gottes Reich wertvoller waren. Wie kommt das bloß?"

Martha dachte nach und fand auf ihre Frage selbst mehrere Antworten. In Korea beschäftigte sie einen Koch und eine Haushälterin. Jetzt verbringt sie im Durchschnitt fünf Stunden täglich mit Kochen, Abwaschen und Putzen. In Korea wohnte sie ganz in der Nähe ihrer Arbeitsstellen. Heute fährt sie überallhin mindestens eine Stunde. „Das macht sieben Stunden pro Tag aus", stellte sie fest. „Kein Wunder, dass ich so abgekämpft bin!"

Auch von den Gemeinden in den USA war sie enttäuscht. „Wir tun so vieles für uns selbst und so wenig für arme, kranke und belastete Menschen. Doch gerade für sie ist Jesus in diese Welt gekommen und ruft uns auf, so zu handeln, wie er es tat. Es ist schwer, wie Jesus zu leben. Die Kirche sollte es uns leichter machen. Stattdessen raubt sie uns Zeit und Kraft, die wir im Grunde für unseren Auftrag einsetzen sollten."

So machen Sie mehr aus Ihrem Tag

Haben sie sich schon einmal ausgerechnet, wie viel Zeit Sie für die Hin- und Rückfahrt zur Arbeitsstelle verbrauchen, für unergiebige Sitzungen und Konferenzen oder für Routinearbeiten im Haus?

Denken Sie nur einmal an die Zeit, die Sie zum Bettenmachen benötigen: Die Bettwäsche ab- und aufziehen, die Betttücher glatt streichen, die Kopfkissen aufschütteln, lüften, alles wieder zurechtziehen. Das sind täglich etwa fünf Minuten. Nicht viel, meinen Sie? In einem Jahr macht das dreißig Stunden und fünfundzwanzig Minuten aus. Das sind fast vier Arbeitstage von acht Stunden!

Wenn wir einmal all das addieren, was wir an einem Tag erledigen, brauchen wir uns nicht wundern, dass wir überarbeitet sind!

Die kluge Frau weiß: „Ich tue das, was ich schaffen kann, und was ich schaffen kann, ist genug."

Indem wir unsere Gewohnheiten ändern, gewinnen wir die Zeit, die wir mit überflüssigen Arbeiten vergeudet haben, für Ziele, die für uns wichtig sind. Natürlich will ich damit nicht vorschlagen, dass wir nicht mehr zur Arbeit fahren und an keiner Sitzung mehr teilnehmen oder nie wieder Betten machen sollten (obwohl meine Kinder von einem solchen Vorschlag sicher begeistert wären!). Ich möchte Sie nur bitten, einmal die Zeit zu kalkulieren, die Sie mit Routinearbeiten von geringer Wichtigkeit verbringen und zu entscheiden, ob Sie diese Arbeiten schneller, weniger häufig erledigen oder ganz streichen können.

Indem wir bewusste Entscheidungen treffen, wie und womit wir unsere Zeit füllen wollen, bekommen wir Macht über unseren Tagesablauf. Mit der Zeit, die wir durch reduzierte Routinearbeiten gewinnen, können wir viele wichtige Aufgaben in einem entspannteren und erfreulicheren Tempo verrichten.

In seinem ausgezeichneten Buch „Ordering your Private World" (Ordnen Sie Ihr Privatleben) spricht MacDonald über „ungenutzte Zeit" – Zeit, über die wir keine Macht haben. Er argumentiert darin überzeugend, dass – falls wir unser Leben nicht ordnen – unsere „ungenutzte Zeit" uns auf vier Weisen durch die Finger rinnt:

- wir verplempern unsere Zeit mit Dingen, die wir nicht besonders gern tun, und die darum die meiste Zeit kosten;
- wir verschenken unsere Zeit dominanten Menschen, die uns bestimmen;
- wir vertun unsere Zeit in Krisen und Depression und
- wir investieren unsere Zeit in Tätigkeiten, die uns öffentliche Anerkennung bringen.[1]

Die kluge Frau weiß: „Als Jesus seinen Jüngern Macht über alle Dinge gab, gab er ihnen auch Macht über die Zeit."

Zu kurz kommen die unauffälligen, wichtigen Dinge, die wir immer schon gern tun wollten und für die wir irgendwie nie Zeit finden. Sie gehören zu den wenig beachteten Tätigkeiten, denen kaum Aufmerksamkeit geschenkt wird, die auch keine Krisen und Katastrophen heraufbeschwören und andere wenig berühren.

Zeit für unauffällige, wichtige Dinge zu finden, braucht ein gewisses Maß an Disziplin. „Es ist eine lebenslange und täglich neue Aufgabe, Organisation in unsere private Welt zu bringen, in der Jesus leben möchte", stellt MacDonald fest. „Etwas in uns widersteht seiner Herrschaft (die Bibel nennt es Sünde) und seinen daraus resultierenden Anordnungen."[2]

Wenn wir unsere Stunden und Tage in den Griff bekommen wollen, dann müssen wir überdenken, was wir tun. Wir sollten uns nicht überorganisieren, keine Hochleistungsfrauen werden, sondern vielmehr sollte es darauf hinauslaufen, dass wir die meiste Zeit mit dem verbringen, was uns wichtig ist. Wenn ich das Pauluswort ein wenig umschreiben darf, dann klingt das etwa so: „Und wenn wir viele Listen aufstellten und niemals eine Minute verschwendeten, wenn wir nicht das tun, was uns wichtig ist, haben wir nichts erreicht. Darum bleiben Planung, Wirtschaftlichkeit und Wirkung. Die Wirkung aber ist die Größte unter ihnen."

Tun oder nicht tun, das ist hier die Frage

Eine Tagesliste aufstellen, bedeutet, alle Dinge zu notieren, die wir nicht den ganzen Tag in unserem Kopf mit uns herumtragen wollen – Verabredungen, Besorgungen, die zu erledigen sind, Anrufe, die wir führen müssen, Menschen, die wir treffen wollen, Einkäufe, die wir machen müssen, Rechnungen, die zu bezahlen sind – alles Erledigungen, die wenig begeistern und meistens nicht besonders interessant sind. Eine ordentliche Tagesliste ist für eine Frau oft das beste Handwerkszeug für einen gut organisierten Tagesablauf.

Wer sollte sich eine solche Liste aufstellen? Einige Zeit-Management-Experten gehen sogar so weit zu sagen: „Jeder, der erfolgreich sein will." Betty hat für sich etwas anderes herausgefunden. „Ich muss aufpassen, dass ich mir nicht zu viele Notizen mache. Ich strukturiere sehr gerne und bin ein richtiger Listen-Mensch, sodass mir durch Gottes Geist als Erstes klar wurde: Hör auf mit deinen Listen! Ich war so intensiv mit meiner Tageskontrolle beschäftigt, dass ich ganz unfrei dadurch geworden bin. Heute schreibe ich mir zwar auf, was getan werden muss, aber ich bin nicht mehr an meine Listen gebunden. Wenn ich merke, ich soll etwas anderes tun, dann tue ich es auch."

Mit dieser Warnung im Ohr frage ich: Was gehört auf eine solche Tagesliste? Die Fachleute sind sich nicht einig, ob diese Listen sehr lang sein sollten, um uns bereits für den nächsten Tag stärker zu motivieren oder ob diese Listen auf das zu begrenzen sind, was heute kräftemäßig möglich ist. Meiner Meinung nach sollten Tageslisten unter Gebet entstehen und alles enthalten, was man nicht vergessen möchte.

Ich persönlich schreibe auf eine Liste nie Dinge, die bereits in meinem Kalender stehen; denn wenn ich beides durchlesen und beachten muss, ist das Zeitverschwendung. Ich schreibe auch nie große Arbeitsbereiche hinein, wie „schreibe Kapitel 10", denn das ist das, was ich ohnehin tagfüllend tun werde. Ich schreibe zum Beispiel auf: „Videofilme in die Bücherei zurückbringen", denn das könnte ich leicht vergessen, während ich mit Kapitel 10 beschäftigt bin.

Das Abhaken von erledigten Arbeiten stimmt recht zufrieden (und das muss besonders am Anfang auch so sein). Darum sollten Sie auf Ihrer Tagesliste ruhig bereits eingeteilte und noch nicht eingeteilte Arbeiten erfassen. Andererseits kann es für Sie ziemlich deprimierend sein, wenn Sie nach einer Woche mit sechzehn Sitzungen auf Ihrem Programm keinen einzigen Punkt von Ihrer Liste streichen konnten!

Ich habe einmal einen Tipp gelesen (leider weiß ich nicht mehr, wo), an den ich mich halte: Schreiben Sie auf Ihre Liste nicht nur dringende, sondern auch wichtige Arbeiten. Anderenfalls werden wir nur von dringenden Aufgaben getrieben. Auf unserer Liste sollte Platz sein für „Büchereikarten für die Jungen besorgen" oder „Kammerjäger bestellen", und auch „vor der Abreise durchputzen" sowie „Schweigestunde in der Gemeinde".

Wenn Sie Ihre Tagesnotizen machen, dann werfen Sie von Zeit zu Zeit einen Blick auf Ihre Jahresziel-Liste und auch auf Ihre Monatslisten (Sie bewahren Sie doch hoffentlich dort auf, wo Sie Ihnen ins Auge fallen, oder?). Fragen Sie sich dabei: Was könnte ich heute tun, um einem meiner Ziele näher zu kommen?

Wie bei vielen Mahlzeiten gehören zu einer guten Tagesliste auch die Reste vom Vortag. Wenn jedoch ein Punkt über verschiedene Tage hin immer wieder erscheint, dann streichen Sie ihn oder prüfen Sie, warum Sie diese Aufgabe vor sich herschieben (siehe dazu Kapitel 11).

Wo bewahren Sie Ihre Tagesnotizen auf? Einige Menschen, besonders die Leute, die ein Notizbuch für alles führen, bewahren sie mit ihren Terminkalendern auf und tragen sie überall hin. Ihre Listen enthalten alles vom Arztbesuch bis zum Einkaufszettel. Da ich zu Hause arbeite, bewahre ich meine Tagesnotizen auf meinem Schreibtisch auf. Eine fortlaufende Einkaufsliste hängt in der Küche und wird von demjenigen mitgenommen, der noch andere Besorgungen zu erledigen hat. Wir fahren sehr selten nur zum Lebensmitteleinkauf los.

Bonnie hatte eine gute Idee. „Früher habe ich jeden Tag eine Liste aufgestellt. Wenn die Dinge dann nicht erledigt wurden und ich sie immer wieder aufschreiben musste, ärgerte ich mich über mich selbst. Jetzt schreibe ich alles auf kleine Notizzettel. Alles, was ich nicht erledigen konnte, übertrage ich einfach auf die Seite für den nächsten Tag. Jeden Abend überlege ich mir, was ich am nächsten Tag erledigen will, und wenn ich nicht alles schaffe, klebe ich den Zettel einfach auf die nächste Seite."

Drei besonders wichtige Verben

Die drei Verben für die tägliche Zeitplanung lauten: *aufgeben, verschieben, delegieren.*

* * * * * * * * * * * * * *

Die kluge Frau weiß: „Lieber schneller als schwerer arbeiten!"

* * * * * * * * * * * * * *

Eine Arbeit bewusst *aufgeben* bedeutet: Ich schaue mir jeden Posten an und frage mich: „Was geschieht, wenn ich dieses oder jenes einfach nicht erledige? Lautet die Antwort: „Gar nichts!", kann ich den Posten vergessen. Darunter kann vieles fallen. Angefangen von einer Verabredung zum Essen mit jemanden, den ich nur pflichtbewusst treffe, bis zur wöchentlichen Bibelstunde, in der ich nichts lerne. Aufgeben kann allerdings schwierig werden.

Aufgeben kann bedeuten, dass ich mich vorher mit nutzlosen

Dingen beschäftigt habe. Damit stellen sich Fragen zu weiteren Positionen. Und was ist, wenn meine ganze Liste nichts als nutzlose Beschäftigungen aufweist? Die Folge wäre, ich würde viel freie Zeit für wichtige Dinge gewinnen. Franz von Assisi weigerte sich, das große Textilunternehmen seines Vaters weiterzuführen und bekam dadurch Zeit, ein Heiliger zu werden! Welch ein Segen kann von einem unbeschriebenen Arbeitsblatt ausgehen! Sie können es von Ihrem himmlischen Vater beschriften lassen.

Verschieben heißt: Muss das wirklich heute erledigt werden? Wenn Sie Stress hassen, lieber nach einem Zeitplan arbeiten und größere Aufgaben am liebsten regelmäßig in kleinen Schritten erledigen, werden sie wahrscheinlich kleinere Aufgaben und Teile größerer Aufgaben so rechtzeitig beginnen, dass Sie am Ende nicht in Hetze geraten. Für Sie lautet die Frage: „Welche Arbeit kann um einen Tag oder zwei Tage verschoben werden, ohne dass ich in Stress gerate?" Wenn Sie zum Beispiel Arbeitsmaterial für eine Ferienbibelschule heute einkaufen wollen und für morgen einen Arztbesuch in der Nähe des entsprechenden Buchladens planen, können Sie Ihren Einkauf auf den nächsten Tag verschieben und die Zeit für eine Extrafahrt ins Einkaufszentrum sparen.

Wenn Sie dagegen wie ich unter Druck besonders effektiv arbeiten können und mit gutem Gewissen die Sache aufgeschoben haben – ja, sich innerlich bereits auf die Schulter klopfen, weil Sie Jesu Gebot „nicht für den morgigen Tag zu sorgen" so brav befolgen, dann gilt für Sie und mich nicht: „Muss diese Aufgabe wirklich heute erledigt werden?", sondern: „Was darf auf meiner Liste auf keinen Fall noch länger hinausgeschoben werden?" Es kann durchaus in Ordnung sein, die Lektionen für die Ferienbibelschule erst eine Woche vorher zu planen, doch muss Arbeitsmaterial dazu rechtzeitig bestellt werden, damit es noch zu Ferienbeginn ankommt. Ebenso muss ein Krippenspiel für Kinder vorzeitig geschrieben werden, sonst bleibt keine Zeit zum Einüben. Eine Pute muss einige Zeit im Kühlschrank auftauen. Außerdem dürfen wir niemandem erlauben, unseren Tag heute in Beschlag zu nehmen, wenn wir morgen eine Terminabgabe haben!

Delegieren bedeutet, dass ich frage: „Wer außer mir kann diese

Arbeit fast so gut wie ich erledigen?" (Natürlich kann niemand sie genauso gut ausführen wie ich, sonst wäre sie schon längst erledigt worden!) Mein Mann meint, ich solle Ihnen sagen, delegieren sei eine Kunst, die man lernen muss. Er lernte sie notgedrungen durch mich. Ich bin nämlich die weltbeste Fragestellerin, wenn es um die Frage geht: „Wenn du fortgehst, würdest du mir bitte dann . . .?"

Maxine delegiert ihre Arbeiten an andere, indem sie einlädt, ihr bei dem zu helfen, was sie gerade tut. Ist das nicht clever? Sie erzählt: „Eine Frau in unserer Gemeinde musste ihren Mann täglich zu einer Therapie begleiten. Damit war sie völlig überfordert. Ich bot ihr an, ihren Mann in der kommenden Woche jeden Tag zur Behandlung zu fahren. Zuhause schaute ich in meinen Terminkalender und erschrak: Er war bis auf einen Tag völlig ausgebucht! Daraufhin rief ich fünf Frauen unserer Gemeinde an und erklärte Ihnen meine Situation. Sie sprangen für mich ein." Maxine tut sehr, sehr viel für andere, und weil das in der Gemeinde bekannt ist, war es möglich, dass sie so spontane Mithelferinnen fand.

Beim Abgeben von Aufgaben an andere Menschen tauchen meist zwei Hindernisse auf. Erstens: Wir können eine Aufgabe nur an einen anderen delegieren, der genau weiß, was, wie und wo zu tun ist. Oft trauen wir uns nicht, unsere Arbeit einem anderen zu übertragen, weil wir glauben, dass wir sie selbst schneller erledigen können. Das stimmt, wenn jemand die Arbeit nur einmal verrichtet. Aber wenn man sie dreißig Mal gemacht hat? Oder hundert Mal? Wenn wir eine Stunde Zeitaufwand (mit einer Zeitersparnis von neun Minuten) zweiundfünfzig Stunden im nächsten Jahr gegenüberstellen, wie sieht es dann mit dem Zeitgewinn aus?

Ein zweiter Hinderungsgrund, Arbeiten zu delegieren, ist der dazu nötige Aufwand. Wenn ich die Einzige bin, die eine bestimmte Sache beherrscht, dann habe ich auch die Kontrolle darüber. Nun beginnen wir gerade, unser Leben stärker zu kontrollieren – und herauszufinden, was für uns wichtig ist und was nicht – so können wir auch damit beginnen, unsere Kräfte bei unwesentlichen Dingen einzusparen.

Ich schätze die Einstellung von Elise, die sich bezahlte Hilfen für solche Hausarbeiten besorgte, die nicht unbedingt von ihr erledigt werden mussten. Ihre Kinder konnte keiner besser als sie selbst betreuen. Das Kochen dagegen konnte sie anderen überlassen.

Denken Sie über die Aufgaben nach, die Sie zu Hause, am Arbeitsplatz, in der Kirche und ehrenamtlich verrichten. Können einige von Ihren Aufgaben anderen Menschen, die mehr Zeit haben als Sie und die sich gern mehr engagieren möchten, übertragen werden? Viel zu viele Haushalte, Betriebe, Organisationen und Gemeinden lassen sich andauernd von dringend zu erledigenden Aufgaben tyrannisieren, weil zu wenige Menschen zu viel tun. Das Delegieren von Aufgaben auf andere kostet Zeit und Kraft, aber es befreit uns und steigert letztlich die Qualität der Arbeit.

Das ABC der Zeitplanung

Haben wir erst diese drei Verben gemeistert, ist das ABC einfach. Es gilt für die restlichen Punkte auf unserer Liste, die noch zu erledigen sind.

Die meisten von uns leben in der Illusion: Habe ich erst die lästige Kleinarbeit verrichtet, dann kann ich an wichtigere Aufgaben herangehen. Tatsache ist, dass lästige Kleinarbeiten, wie elender Papierkram, hinter unserem Rücken Junge kriegen. Wir müssen sie ignorieren, sonst fressen sie uns auf.

Vor Jahren wurde ich gebeten, Alain Lakeins „How to get Control of Your Time and Your Life" (Wie man die Kontrolle über seine Zeit und sein Leben gewinnt)[3] zu lektorieren. Das war das erste Buch, das ich zu diesem Thema las, und meiner Meinung nach das Beste. Lakeins Vorschlag: Wenn Sie Ihre Liste für den Tag aufgestellt haben, dann bezeichnen Sie jeden Punkt mit A (sehr wichtig), B (weniger wichtig) oder C (nicht wichtig). Zu den A-Punkten gehören die eiligen Aufgaben (Zahnschmerzen beseitigen) und solche, die uns wichtig erscheinen (eine halbe Stunde im Gebet verbringen). Zu den C-Punkten gehören Aufgaben, die wir nicht schätzen oder auf unabsehbare Zeit hinauszögern können.

Dieselbe Aufgabe kann einmal A, ein anderes Mal C sein. Den

Boden aufwischen, ist im Allgemeinen ein C-Punkt bei mir, aber wenn Gäste kommen und der Boden klebt, wird Bodenaufwischen sofort zu Punkt A.

Der großartige Rat Lakeins lautet natürlich: *Erledigen Sie zuerst die A-Punkte!* Auf diese Weise haben Sie immer das erledigt, was Ihnen wichtig erscheint. Das Gefühl, etwas Wichtiges erledigt zu haben, beflügelt gleichzeitig, B-Punkte in Angriff zu nehmen.

Und was ist mit den armen C-Punkten? Entweder werden sie zu A-Punkten, oder sie sterben einen anonymen, unbetrauerten Tod.

Konkrete Abstimmung mit Anderen

Durch andere Menschen kann Ihr ganzes Tagesprogramm in die Binsen gehen. Das ist leider eine Tatsache. Viel Stress lässt sich vermeiden, wenn wir unseren Tag, die Woche und den Monat mit den Menschen abstimmen, mit denen wir zusammen leben oder arbeiten. „Al und ich setzen uns jeden Tag zusammen, wenn die Kinder in der Schule sind", sagt Beth. „Wir beten gemeinsam und gehen unsere Terminkalender durch. Schade, dass wir damit nicht schon früher begonnen haben. Das hätte uns vieles erspart. Außerdem entsteht daraus ein sehr gutes Miteinander."

Die 80/20-Regel

Zeitberater arbeiten mit der so genannten 80/20-Regel. Sie plädieren dafür, dass achtzig Prozent von dem, was wir auf fast allen Gebieten tun, mit zwanzig Prozent unserer Bemühungen erreicht wird, und nur zwanzig Prozent mit den übrigen achtzig Prozent unserer Bemühungen. Zur Erklärung folgende Beispiele:

- 80 Prozent aller Aufgaben werden von 20 Prozent der Mitarbeiter geleistet;

- 80 Prozent wertvoller Arbeit wird in 20 Prozent unserer Zeit geschafft;
- 80 Prozent der genutzten Akten steckt in 20 Prozent aller Akten;
- von 80 Prozent der Bekleidung werden 20 Prozent Kleider getragen;
- 80 Prozent der Käufe werden von 20 Prozent der Kunden getätigt;
- 80 Prozent aller Telefongespräche stammen von 20 Prozent der Telefonbesitzer;
- 80 Prozent wichtiger Konversation geschieht in 20 Prozent einer Unterhaltung;
- 80 Prozent der häufigsten Putzarbeiten im Haus fallen bei 20 Prozent der Wohnfläche an.

Alan Lakein sagt dazu: „Wenn nach der 80/20-Regel zwei Punkte auf einer Liste mit zehn Positionen erledigt werden, ist bereits das meiste (80 Prozent) erreicht. Finden Sie diese beiden Punkte heraus, benennen Sie sie mit A und erledigen Sie diese Aufgaben. Lassen Sie die meisten der übrigen acht Punkte unerledigt, weil der Wert dieser übrigen Arbeiten bedeutend geringer ist als der der beiden hoch bewerteten A-Punkte."[4]

Wir unterbrechen unser sorgfältig ausgeklügeltes Programm

Unterbrechungen sind wahrscheinlich die größten Feinde eines sorgfältig geplanten Tagesablaufs. Aber Unterbrechungen gehören dazu. Unerwartete Gäste treffen ein. Kinder werden krank. Eine gesprächige Nachbarin möchte uns unbedingt etwas erzählen. Wir müssen mindestens einmal am Tag mit einer nicht geplanten Unterbrechung rechnen.

Darum ist das Gebet für Christen bei ihrer Planung so wichtig, denn keiner weiß, was auf ihn/sie zukommt.

Vor etwa acht Jahren stand ein schlaksiger Teenager vor meiner Haustür und grinste mich erwartungsvoll an. „Ich war zufällig hier in Ihrer Nachbarschaft und dachte, ich komme so lange zu Ihnen rein, bis der Gottesdienst anfängt, wenn Sie nichts dagegen haben." Er schnüffelte mit der Nase in der Luft herum. „Hmmm. Riecht das hier etwa nach Plätzchen?"

Ich hätte heulen können. Damals begann der Gottesdienst bei uns nachmittags um 16:30 Uhr. Mein Mann war schon weg. Ich war gerade beim Plätzchenbacken (was mir keine große Freude macht) für ein gemeinsames Essen in der Gemeinde. In der nächsten Stunde hatte ich noch einiges abzubacken, musste meine beiden kleinen Buben wecken und wickeln und mich selbst umziehen. „Warum ausgerechnet jetzt, Herr!", seufzte ich innerlich gen Himmel. Ich stellte mir dabei vor, was ein ausgehungerter Teeny an Keksen verdrücken kann und antwortete mit meinem liebevollsten Pastorenfrauen-Lächeln: „Ja, komm doch rein."

Mit langen Schritten latschte er geradewegs auf die Küche zu. „Kann ich Ihnen vielleicht helfen? Ich backe unheimlich gern."

In der nächsten Stunde backte mir der junge Mann die Plätzchen, weckte den Dreijährigen, zog ihn an, las ihm eine Geschichte vor und unterhielt das Baby, während ich mich anzog. Zum ersten Mal wurde mir klar, was in Hebräer gemeint ist, wenn da etwas von „unbemerkt Engel beherbergen" steht! Richard wurde mir damals von Gott als Unterbrechung ins Haus geschickt, ein unvergessliches Geschenk an mich.

Viele andere Unterbrechungen empfinden wir ganz und gar nicht als Geschenk. Sie setzen uns unter Druck und zerstören oftmals unsere Pläne. Ich habe keine Patentantwort, wann Gott uns mit diesen Unterbrechungen einen Dienst erweist und wann er unsere Fähigkeit testet, ohne Murren unsere Pläne zu ändern. Aus Erfahrung weiß ich, dass Gott uns mit beiden Möglichkeiten überrascht.

Betty berichtet: „Es gab eine Zeit in unserer Wohngemeinschaft, da waren wir so stark beschäftigt, dass wir unser gemeinsames Gotteslob einstellten. Aber wir hatten uns ursprünglich als Christen zur Ehre Gottes in dieser Wohngemeinschaft zusammengefunden und stellten fest, dass mit uns etwas nicht in Ordnung war. Wir sprachen über die Möglichkeit, einfach vor der gemeinsamen Mahlzeit die Andacht zu halten. Eine Menge Bedenken wurden vorgebracht. Was ist mit den Kindern? Was ist mit denen, die das Essen zubereiten? Eins war uns klar: Mit dem Lob Gottes ehren wir Gott, und genau das wollten wir tun. Nach vielem Hin und Her blieben wir eisern und beschlossen, die Hausandacht der Mahlzeit voranzustellen. Gott hat uns gesegnet. Heute können wir kaum begreifen, warum wir einmal gedacht haben, es sei schwierig, Gott regelmäßig gemeinsam zu loben."

Was ehrt Gott? Diese Frage kann uns helfen, herauszufinden, wie man mit einer unerwarteten Unterbrechung der festen Pläne umgehen soll.

Meiner Ansicht nach helfen mir Unterbrechungen dabei, endgültig von der Illusion Abschied zu nehmen, dass ich wirklich mein Leben im Griff habe. Und ich richte gleichzeitig meinen Blick in die Ewigkeit, wo es keine Unterbrechungen oder Störungen geben wird.

Nachdenkenswertes

Zeit im Tagesablauf finden

1. Schreiben Sie alles auf, was Sie mehr als viermal in der Woche regelmäßig ausführen und zählen Sie zusammen, wie viel Minuten Sie auf jede Tätigkeit pro Woche verwenden. Benutzen Sie die unten stehende Tabelle und stellen Sie fest, wie viele Stunden Sie pro Jahr für jede einzelne Routinearbeit brauchen.

Min./Tag	Min./Woche	Stunden/Jahr	8-Stunden-Tage/Jahr
5	35	30	3,8
10	70	60	7,6
15	105	90	11,4
30	140	120	15,18
60	280	240	31,6

Wir sehen, dass eine tägliche Zeiteinheit von zehn Minuten sieben Achtstundentage in einem Jahr ausmacht. Eine Aufgabe von fünf Minuten verschlingt nahezu vier Achtstundentage!

2. Finden Sie Routineaufgaben von geringer Bedeutung heraus, von denen Sie meinen, dass sie zu viel Zeit kosten. Was können Sie tun, diese Zeit zu reduzieren? (Kapitel 11 gibt ein paar Tipps dazu.) Was können Sie ganz weglassen? Können Sie einige Routinearbeiten mit Aktivitäten kombinieren, die Sie wirklich gern tun (z. B. für die Mission beten, während Sie im Stau stehen; täglich auf dem Trainingsfahrrad eine halbe Stunde lesen; Kassetten in einer Fremdsprache abhören, während Sie langweilige Arbeiten verrichten; Rechnungen begleichen, während die Kinder basteln)?

Denken Sie immer daran, dass es nicht darum geht, ein paar mehr freie Minuten aus Ihrem Tag herauszuquetschen, sondern Ihren Tagesablauf zu überdenken und herauszufinden, wie Sie effektiver Ihre Zeit für Aufgaben einsetzen können, die für Sie wertvoll sind.

Stellen Sie eine Arbeitsliste für die nächsten 24 Stunden auf

1. Überlegen Sie betend, was Sie an diesem Tag zu tun haben. Beim ersten Mal sollte die Liste alle Termine und Routineaufgaben wie „Schulbrote schmieren" oder „Verabredung mit den Mitarbeitern" beinhalten.
2. Was können Sie weglassen, verschieben oder delegieren? Und auf wen?
3. Legen Sie Ihre Prioritäten nach A, B und C fest.
4. Wenden Sie die 80/20-Regel an. Fragen Sie sich: Welche Punkte sind heute die wichtigsten?
5. Schreiben Sie die letzten A- und B-Arbeiten auf ein Papier oder auf Notizzettel.
6. Bitten Sie Gott, sich um alle Unterbrechungen an diesem Tag zu kümmern.

Kapitel 11

Tipps, die das Leben erleichtern

Viele einfache Dinge können uns helfen, Stress zu mildern. Ich habe eine Liste mit einigen praktischen Tipps zusammengestellt, die mir und anderen Frauen schon viele Jahre helfen. Vielleicht geben Sie Ihnen einige Anregungen zu praktischen Schritten, wie Sie sich das Leben etwas erleichtern können.

Körbe

Ich liebe Körbe! Sie sind preisgünstig, sehen hübsch aus, und man kann eine ganze Menge darin unterbringen. Zum Beispiel:

- Stellen Sie verschiedene Wäschekörbe für stark verschmutzte und leicht verschmutzte Wäsche auf. Auf diese Weise sparen Sie die Zeit für späteres Sortieren.
- Heben Sie ungeöffnete Rechnungen in einem Ablagekorb auf, bis Sie sie bezahlen.
- Bewahren Sie unbeantwortete Post in einem Körbchen auf Ihrem Schreibtisch auf.
- Sammeln Sie Kassenbons oder Gutscheine in einem Körbchen in der Küche.

Adresslisten

- In vielen Telefongeräten lassen sich alle wichtigen Telefonnummern speichern. Zum Beispiel alle Namen und Telefonnummern von Ärzten unter dem Buchstaben A, Babysitter unter B, Klub- oder Gruppenmitglieder unter C, Familienangehörige unter F. Halten Sie Ihr privates Adressbuch auf dem Laufenden. Dann brauchen Sie beim nächsten Telefongespräch nicht das große Telefonbuch zu wälzen.
- Legen Sie einen Schnellhefter mit Listen und Adressen an, in dem Sie alle Mitgliederlisten von Gruppen, Klubs, Schulen, Gemeinden und Mitarbeitern sammeln.
- Wenn ein Freund eine neue Adresse oder eine neue Telefonnummer hat, markieren Sie diese mit „neu". Dann brauchen Sie hinterher nicht lange zu überlegen, welche Adresse die neue und welche die alte war.

Besorgungen

- Achten Sie darauf, dass Sie immer mehr als nur eine Besorgung erledigen. Mit einem Gang lassen sich manchmal zwei oder drei Besorgungen erledigen.
- Nehmen Sie dazu einen Korb, den Sie für alle Besorgungen benutzen, die mit dem Auto erledigt werden: Bücher für die Bücherei, die Liste für den Lebensmitteleinkauf, Briefe für die Post, Schuhe, die repariert werden müssen. Für größere Besorgungen legen Sie einen Merkzettel in den Korb (Anzüge für die Reinigung, Auto waschen). Bevor Sie sich auf den Weg machen, nehmen Sie den Korb zur Hand und sortieren die Besorgungen und planen Sie Ihre Route.
- Machen Sie keine Besorgung, die sich telefonisch erledigen lässt!

Büromaterial und Aktenordner

- Richten Sie sich einen Schreibtisch oder Kästen mit Büromaterial und Haushaltsordnern ein. Machen Sie Inventur und vergewissern Sie sich, ob Sie alles haben, was Sie brauchen: Ordner, Trennblätter, Stifte, Papier, Patronen, Scheren, Heft- und Büroklammern. Nach Dingen zu suchen ist Zeitverschwendung!

- Die Steuererklärung ist keine Katastrophe, wenn Sie alle Belege, bezahlte Rechnungen und Auslagen ein Jahr lang an einer Stelle sammeln. Ich benutze dazu eine alte Keksdose.

- Nehmen Sie Hefter und sammeln Sie getrennt Versicherungsbeiträge, Arztrechnungen, Garantiescheine und Gebrauchsanleitungen, Bankauszüge, Informationen zu den Kreditkarten, und Unterlagen für die Kinder (Impfpässe, Schwimmausweise, Krankenkassen-Karten etc.).

- Legen Sie eine Akte an mit der Aufschrift: „Geld für Notfälle". Schreiben Sie alles auf, wo Sie Geld angelegt haben: Investmentfonds, Aktien, Versicherungspolicen mit Barauszahlung etc. Das spart wertvolle Zeit bei Unfällen oder im Todesfall.

- Bewahren Sie alle wichtigen Papiere wie Versicherungspolicen, Stammbuch und Zeugnisse in einem sicheren Bankfach auf, wo sie gegen Diebstahl und Feuer sicher sind.

Entspannungsübungen

Stellen Sie einen Wecker auf fünf Minuten ein. Legen Sie sich ganz flach auf den Rücken und nehmen die Arme zur Seite. Atmen Sie tief durch und entspannen Sie – mit den Zehen beginnend – jeden Muskel Ihres Körpers. Fünf Minuten sind so gut wie eine halbe Stunde Schlaf.

Arthritis-Patienten wird folgende Entspannungstechnik empfohlen:

1. Für den Körper: Tief durchatmen, strecken, Gymnastik, ein Bad, eine Massage und etwas Besonderes essen.

2. Für Seele und Geist: mit einer Freundin sprechen, lachen, weinen, lesen, etwas tun, was Spaß macht.

Flexibilität

- Überlegen Sie sich, wie Sie eine unangenehme Situation angenehm gestalten können. Eines Abends beispielsweise waren wir alle völlig erschöpft. Da kramte unser Ältester eine Kerze hervor und legte dazu ein Buch auf den Tisch. „Wie wär's mit einer Spukgeschichte im Dunkeln?" Es wurde ein herrlicher Abend!
- Stellen Sie sich ähnliche Situationen vor. Was könnten Sie unternehmen, wenn Sie nicht das tun können, was Sie geplant hatten? Einmal war ein Gast, den wir zum Essen eingeladen hatten und den ich kaum kannte, bereits eingetroffen, als Bob noch mit dem Schinken (und anderen Besorgungen) unterwegs war, den ich ursprünglich zum Abendbrot backen wollte. Salat, Gemüse und Brötchen standen schon auf dem Tisch. „Kaltes Huhn schmeckt doch genauso gut dazu", schlug mein Gast vor.

* * * * * * * * * * * * * * * * *

Die kluge Frau weiß: „Nicht das Problem ist das eigentliche Problem, sondern das, was man daraus macht."

* * * * * * * * * * * * * * * * *

Gäste

- Veranstalten Sie ab und zu mal eine Party, bei der die anderen das Essen mitbringen. Dann gibt das Ihren Gästen das Gefühl, dass es auch ihre Party ist. Und halten Sie das Fest schlicht. Hauptsache, eine Party macht allen Beteiligten Spaß.
- Wenn Sie Übernachtungsgäste haben, dann bitten Sie sie doch – wenn sie mit dem Auto kommen – ihre bezogenen Bettdecken

gleich mitzubringen. So ersparen Sie sich eine Menge unnötiger Arbeit.

* Servieren Sie Delikatessen aus der Tiefkühltruhe mit frischen grünen Pfefferkörnern. Das sieht garantiert nach viel Mühe aus.

* Eis in hübschen Gläsern serviert ist ein preiswertes Dessert, das bei Kindern und Erwachsenen sehr beliebt ist – und kann ohne Probleme aus der Kühltruhe gezaubert werden.

Geburtstage

* Tragen Sie bei Geburtstagen oder Jubiläen oder ähnlichen Gedenkdaten das Datum ein, an dem Sie die Karte oder das Geschenk wegschicken müssen.

* Verschenken Sie Gutscheine. Einige solcher Gutscheine, die unsere Kinder sich ausgesucht haben, waren ein Museumsbesuch, ein Abendessen in einem japanischen Restaurant oder eine Fahrt zur Kirmes.

Vorbereitung von Mahlzeiten

* Einen Abend pro Woche sollten Sie ein Resteessen vorsehen.

* Spontaneinkäufe im Supermarkt machen im Durchschnitt ein Viertel der Lebensmittelkosten aus. Wenn Sie nur einmal im Monat en gros Nahrungsmittel einkaufen, können Sie mehrere Fahrten und wahrscheinlich eine Menge Geld sparen!

* Wenn Sie Schulkinder haben, lassen Sie jedes Kind das Menü für eine Woche planen, oder lassen Sie jedes Kind ein Menü aussuchen, das es selber kochen will (allerdings müssen auch Sie sich dann an den Vorschlag halten!).

* Legen Sie für jedes Kind einen Rezepteordner an und schreiben Sie ihrem Kind die Anleitung zu seinen Lieblingsgerichten und -desserts hinein.

- Wählen Sie Gerichte mit einer geringen Vorbereitungszeit. Wenn ein Gericht in zehn Minuten aufgegessen wird, sollte man auch nicht viel mehr Zeit zu seiner Zubereitung verwenden.
- Wenn Sie ein Buffet machen, lassen Sie das Dessert weg. Oft hört man nach einer solchen Mahlzeit den Seufzer: „Ach du liebe Zeit, eigentlich bin ich schon satt!" Warum wollen Sie Zeit für die Zubereitung von Nachtisch verschwenden, wenn die meisten sowieso schon zu viel gegessen haben?
- Sortieren Sie Rezepte aus, die Sie nie verwenden und probieren Sie neue Gerichte. Ein neues Gericht in der Woche sind zweiundfünfzig neue Gerichte im Jahr! Die Hausfrau, die ständig neue Rezepte abheftet, die sie sowieso nie ausprobieren wird, verschwendet nur Zeit!

Listen

- Steht ein besonderes Ereignis bevor, machen Sie sich eine genaue Liste mit allem, was Sie vorbereiten müssen und notieren Sie sich den jeweiligen Termin dazu. Anschließend haben Sie den Kopf wieder frei und brauchen die Liste erst wieder hervorzuholen, wenn die verschiedenen Vorbereitungen zu treffen sind. Das vorzeitige Durchdenken und Aufschreiben gibt Ihnen Klarheit und führt Sie durch die einzelnen Arbeitsschritte.
- Gehören zu einer Kategorie verschiedene Aufgaben (Herbstbestellung des Gartens, Hausputz, Briefe beantworten), dann schreiben Sie diese Tätigkeiten auf und heften Sie die Zettel an eine Stelle in Ihrem Blickfeld, zum Beispiel an die Kühlschranktür. Sollten Sie etwas Zeit übrig haben, prüfen Sie Ihre Liste: Welche einzelnen Arbeiten kann ich jetzt erledigen? Nach und nach können Sie auf diese Weise die ganze Liste abhaken, ohne dass Sie sich große Mühe geben müssten, die Zeit dafür zu schaffen.

Notizbücher und Schnellhefter für besondere Hobbys

● Arbeiten Sie gerne im Garten, dann machen Sie sich ein „Gartenbuch". Auf eine Seite schreiben Sie die jeden Monat anfallenden Arbeiten und auf einer besonderen Seite die saisonbedingten Arbeiten. Mit einem Blick auf die beschriebenen Seiten notieren Sie in einer Einkaufsliste (Dünger, Schädlingsbekämpfungsmittel, Sämereien), was Sie in dem jeweiligen Monat brauchen. Vor Beginn einer neuen Saison und eines neuen Monats überprüfen Sie die Liste und entscheiden Sie, wann Sie was erledigen können. Sammeln Sie Tipps aus Zeitungen und Magazinen! So lernen Sie zum Beispiel, wann die beste Zeit zum Pflanzen, Düngen und Graben der verschiedenen Blumen- und Gemüsesorten ist.

● Haben Sie oft dieselben Freunde zu Gast? Tragen Sie in ein Notizbuch ein, was Sie Ihren Gästen bereits angeboten haben, was sie vertragen und was sie gern mögen.

● Basteln Sie gern Geschenke? Legen Sie sich ein Notizbuch für Geschenkideen an und schreiben Sie Aussprüche auf, die Sie bei einem Besuch aufgeschnappt haben, wie: „Ich wünschte, ich hätte einen . . ." Heften Sie Katalogseiten oder Prospekte von Geschenkelädchen, die Ihnen besonders gefallen, in einem Schnellhefter ab.

● Sollten Sie inzwischen zu viele Notizbücher haben, prüfen Sie, ob Sie damit wirklich Zeit sparen oder Zeit damit verschwenden.

Papierkram

Befassen Sie sich nie zweimal mit demselben Stück Papier, es sei denn, es ist unbedingt notwendig.

Post

● Öffnen Sie keine Werbung! Und damit meine ich: Nie!

- Schauen Sie sich die Post nicht eher an, bis Sie wirklich Zeit dazu haben. Teilen Sie sie in fünf verschiedenen Kategorien ein:

1. Eilig – Sofort erledigen!
2. Hat Zeit – Legen Sie die Post in ein Körbchen und lesen Sie sie später.
3. Rechungen – Legen Sie diese in den Korb für unbezahlte Rechnungen und bezahlen Sie sie sobald wie möglich.
4. Post lesen – Legen Sie diese Post ins Bade-, Schlaf- oder Wohnzimmer, wo immer Sie sonst lesen.
5. Abfall – Sofort in die Papiertonne damit.

- Nehmen Sie sich jeden Monat ein oder zwei Stunden Zeit für die „Hat-Zeit"-Post und für die Beantwortung nicht eiliger Korrespondenz.
- Wenn möglich, beantworten Sie den Brief auf dem Brief direkt, kopieren ihn und legen ihn ab.
- Hübsche Postkarten können kurze, persönliche Briefe ersetzen. Postkarten nehmen weniger Zeit zum Schreiben in Anspruch und befreien Sie von dem schlechten Gewissen unerledigter Korrespondenz.
- Prüfen Sie von Zeit zu Zeit Ihre Zeitungen und Zeitschriften. Lesen Sie tatsächlich (noch) alle? Falls nicht, kündigen Sie das Abonnement oder schicken Sie die Zeitschrift an jemanden, der sie wirklich liest.

Raumeinteilung

- Welche Dinge nehmen bei Ihnen zu viel Platz weg? Brauchen Sie die Dinge alle? Wenn nicht, verschenken Sie überflüssige Utensilien. Hat das, was Sie benutzen, seinen festen Platz? Müssen Sie zusätzliche Regale anbringen, Haken anbringen oder noch einen Vorratsraum oder einen Schuppen anbauen?
- Bewahren Sie Dinge, die Sie sehr häufig benutzen, in Reichweite

auf, Dinge, die Sie selten benutzen, an entlegenen Stellen. Falls Sie jedes Mal an selten benutzten Utensilien vorbeigreifen müssen, um die oft benutzten hervorzuholen, verschwenden Sie Zeit! Wie weit müssen Sie nach einem Lexikon langen? Nach Ihrem Lieblingskochbuch? Können Sie die Bücher näher an den Arbeitsplatz heranstellen?

- Bestimmen Sie eine Schublade als „Schublade für Krimskrams".
- Überlegen Sie sich den Verwendungszweck Ihrer Schubläden. Sind die Utensilien für den Abwasch beim Abwasch, die Gebrauchsgegenstände für den Herd beim Herd? Sind die oft benutzten Büroartikel zur Hand – oder müssen Sie quer durchs Zimmer laufen?
- Verstauen Sie in Ihren Schränken die Kleidung, die Sie oft tragen, in der Mitte, die seltener getragenen Kleidungsstücke an die Seite oder nach hinten.
- Bringen Sie Ihren Kindern rechtzeitig bei, ihre eigene Kleidung in den Schrank zu räumen. Solange sie nicht lesen können, kleben Sie Bildchen auf die Schubläden, damit sie wissen, welche Kleidungsstücke wo hinein gehören.
- Sortieren Sie aus und konzentrieren Sie sich auf das Wesentliche. In den meisten Häusern ist weniger mehr – mehr Raum, mehr Luft zum Atmen, mehr freie Zeit, weniger Putzen und Waschen.[3] Darum trennen Sie sich von allem, was Sie nicht mehr brauchen: Kleider, die Sie nicht mehr tragen, Bücher, die Sie nicht mehr lesen, Platten oder Kassetten, die sie nicht mehr hören, Geschirr, das Sie nicht mehr benutzen, Stühle, auf denen keiner mehr sitzt. Sie alle rauben Ihnen Platz, Luft und Zeit, sobald Sie sich bewegen und sauber machen müssen.

Waschen und Putzen

Was nicht schmutzig ist, wird nicht geputzt![2] Das ist wohl der praktischste Tipp in diesem gesamten Buch.

Zwei Empfehlungen von einer erfahrenen Hausangestellten:

1. Sind die Fußböden frisch geputzt und die Betten gemacht, sieht der Rest des Zimmers auch sauber und gepflegt aus.

2. Sie putzen immer den Raum am gründlichsten, in dem Sie mit dem Saubermachen beginnen. Deshalb: Beginnen Sie mit dem Zimmer, das am schmutzigsten ist.

● Wenn Sie von Hand Geschirr spülen, weichen Sie es in heißem Spülwasser ein und lesen inzwischen ein Buch oder machen einen kleinen Spaziergang. Wenn Sie zurückkommen, ist das Geschirr schon so gut wie abgewaschen.

● Denken Sie an die 80/20-Regel: 80 % des Schmutzes befindet sich in 20 % der Wohnfläche. Reinigen Sie diese 20 % auch am häufigsten und putzen Sie den Rest erst, wenn es wirklich nötig ist.

● Trennen Sie das Aufräumen vom Putzen. Räumen Sie zuerst alles auf oder aus und putzen dann erst das Zimmer.

● Hören Sie sich beim Putzen oder Bügeln eine schöne Kassette oder ein gutes Radioprogramm an.

● Bügeln Sie im Wohnzimmer. Dabei können Sie nämlich Ihre Lieblingssendung im Fernsehen anschauen.

Wartezeiten

● Wartezeiten sind ein Geschenk: Sie können beten, lesen und planen.

● Nutzen Sie kurze Zeiträume für rasch zu erledigende Aufgaben.

● Legen Sie Bücher und Zeitschriften griffbereit für Wartezeiten ins Auto, wenn Sie Ihre Kinder vom Sport abholen; oder in die Nähe des Telefons, wenn Sie auf einen Anschluss warten; in Ihre Tasche, wenn Sie beim Arzt oder am Flughafen sitzen.

● Wartezeiten eignen sich auch gut zum Spielen mit kleinen Kindern, z. B.: „Ich sehe was, was du nicht siehst!"

Wichtige Aufgaben

- Befassen Sie sich gedanklich bereits einige Tage zuvor mit einer wichtigen Aufgabe. Lassen Sie Ihr Unterbewusstsein arbeiten, bevor Sie sich selbst mit dem Problem befassen.
- Versuchen Sie, ungeliebte Arbeiten immer zuerst zu erledigen und belohnen Sie sich mit einer angenehmeren Arbeit.
- Arbeiten Sie zurzeit an einer wichtigen Aufgabe? Dann nehmen Sie sich vorübergehend eine Hilfe für kleine Kinder oder für alte oder behinderte Menschen, die zu Ihrem Haushalt gehören.
- Halten Sie alle Unterbrechungen fern. Vereinbaren Sie mit der Familie oder Ihren Mitarbeitern, dass sie nicht gestört werden wollen und halten Sie sich Telefongespräche und Besucher vom Hals. Notfalls bringen Sie das Telefon außer Hörweite.
- Gehen Sie dorthin, wo Sie telefonisch nicht zu erreichen sind! Leere Gemeinderäume, öffentliche Büchereien und Wartehallen bieten Raum zum Lesen, Schreiben und Studieren.
- Laden Sie sich bei einer Freundin ein, während diese bei der Arbeit ist. Mein Mann ist oft schon vorübergehend in die Wohnung eines Freundes gezogen, der in Urlaub gefahren war, wenn er absolute Ruhe für sich brauchte.

Wenn es mal hart auf hart kommt

- Wenn der Stress mal besonders schlimm ist, vergleichen Sie die augenblicklich schreckliche Zeit mit einer anderen schlimmen Zeit, die Sie bereits überstanden haben. Ich erinnere mich an eine heiße Septembernacht. Wir lebten zu neunt in einem Haushalt – davon fünf Kinder unter sechs Jahren, und Bob hatte die Küche völlig auseinander genommen. Wir mussten in einem Abstellraum unter dem Dach kochen, wobei der Kühlschrank eine Etage tiefer in der Küche und der Gefrierschrank im Keller stand. Es war gerade Einmachzeit. Ich stand vom Morgen bis zum Abend mit einer anderen Mutter in dieser behelfsmäßigen Küche, und wir kochten

Äpfel, Tomaten, Blaubeeren und Kohl ein. Nur zum Windeln wechseln, Streit schlichten und Kinder zu Bett bringen krochen wir hinter dem heißen Herd hervor. Endlich, gegen ein Uhr morgens, fielen wir uns um den Hals und lachten, bis die Tränen kullerten. Damals hatten wir uns gesagt: „Solch einen Stress wollen wir nicht noch mal erleben!" Und das haben wir bis jetzt auch nicht. Aber sollte es doch wieder einmal so weit kommen, werde ich auch nicht verzweifeln.

- Denken Sie immer daran: Sie müssen nur diese einzige, augenblickliche Minute bestehen. Tun Sie das, was Sie in diesem Augenblick tun müssen, und dann erst denken Sie an die nächste Minute. Erlauben Sie sich nicht, über all das zu stöhnen, was Sie zu tun haben, sondern denken Sie einfach: „Was muss ich in diesem Moment erledigen?"

- Beten Sie. Manchmal bin ich nicht sicher, ob ich mich richtig entschieden habe und das Richtige tue. Ich erinnere Gott daran, dass er mich mit Talenten und Gaben beschenkt hat und bitte ihn, mir zu helfen, das Richtige zu tun.

Zeit

- Tun Sie das, was Ihnen wichtig erscheint! Fragen Sie sich immer wieder: Wie gehe ich in diesem Augenblick am sinnvollsten mit meiner Zeit um?

- „Schmiede das Eisen, solange es heiß ist!" Finden Sie heraus, was in dieser speziellen, Ihnen zur Verfügung stehenden Zeit das Wichtigste für Sie ist. Fragen Sie sich: „Welche Arbeit macht mir heute Freude?"

- Tun Sie immer sofort etwas gegen Belastungen! Und wenn es nur ein Eintrag in Ihren Kalender ist oder Sie sich eine Handnotiz machen. Belastungen verschlingen Zeit und Kraft.

- Überprüfen Sie regelmäßig Ihre Fernsehzeiten. Durch einen Druck auf den Aus-Schalter Ihres Fernsehgerätes gewinnen Sie viel Zeit.

● Kombinieren Sie Verschiedenes. „Weil ich gern mit meinem Enkelsohn zusammen bin, gleichzeitig aber den jungen Müttern unserer Gemeinde einmal in der Woche zu einem Vormittag ohne ihre Kinder verhelfen möchte, nehme ich meinen Enkel jeden Dienstagmorgen mit. Bis jetzt war dieser gemeinsame Vormittag für uns beide immer ein kleines Fest." (Gail)

Wie Sie mit Telefonanrufen, heillosem Durcheinander, Hinausschieben von Arbeiten und anderen Zeitverschwendern, die Ihre Planungsbemühungen über den Haufen werfen, umgehen können, lesen Sie im nächsten Kapitel.

.

Nachdenkenswertes

1. Aus den vielen in diesem Kapitel angesprochenen Vorschlägen wählen Sie diejenigen aus, die Ihnen am meisten zusagen.
2. Schreiben Sie andere Ideen zur Stressbewältigung auf, die Ihnen beim Lesen dieses Kapitels gekommen sind.
3. Sollten Sie einen dieser Vorschläge in Ihrem Terminkalender oder Ihrer Arbeitsliste eintragen wollen, tun Sie es sofort.

Kapitel 12
Achtung: Unterbrechung!

Wir können noch so sorgfältig planen: Das allein reicht nicht. Wenn wir unseren Stress verringern wollen, müssen wir – zumindest die meisten von uns – einige unserer Gewohnheiten ändern. Und hier stellt sich die Frage: Wie gehen wir mit den Dingen um, die uns die Zeit rauben? Diese Zeitverschwender rauben uns Minuten und Stunden unseres Lebens, wenn wir nichts dagegen unternehmen, sie in Schach zu halten.

Zeitverschwender

Hier eine Liste der zehn häufigsten Zeitverschwender:
1. telefonische Unterbrechungen
2. unerwarteter Besuch
3. Sitzungen und Konferenzen
4. Krisenzeiten
5. Fehlende Prioritäten, Mangel an klaren Zielsetzungen
6. Versuch, zu viel in die vorhandene Zeit zu stecken
7. keine oder unklare Absprache mit anderen
8. unvollständige, falsche oder verspätete Information von anderen
9. Unentschlossenheit, Hinausschieben, unvollständig erledigte Arbeiten
10. mangelnde Selbstdisziplin

Ich bin versucht, noch einen weiteren Zeitverschwender anzuführen: Unordnung.

Telefongespräche

In einem früheren Kapitel haben wir über Unterbrechungen gesprochen, und dazu gehören auch ungelegene Telefongespräche und unerwartete Besucher. Telefongespräche bedürfen unserer besonderen Beachtung, weil sie einen großen Teil des Tages vieler Frauen (hier schließe ich mich ein) verschlingen.

Ein Telefongespräche *nicht* entgegenzunehmen fordert eine Menge Disziplin. Und doch können wir uns davor schützen, dass das Telefon unser Leben bestimmt. Wenn wir beruflich den ganzen Tag über telefonisch erreichbar sein müssen, dann müssen wir natürlich auch den Hörer abnehmen. Rufen wir Organisationen oder Klubs an, können wir die Anrufe kurz und knapp halten. Doch wie viele Anrufe, die wir tagsüber tätigen, dauern viel länger als notwendig? Führen Sie in den nächsten Tagen einmal Buch über die Minuten, die Sie am Telefon verbringen. Dann nehmen Sie die Tabelle in Kapitel 10 zur Hand und rechnen nach, wie viel Stunden diese Minuten in einem Jahr ausmachen. Wahrscheinlich werden Sie sich wundern!

Telefontipps

Denken Sie daran: Das Telefon ist zu *Ihrer* eigenen Bequemlichkeit da!

- Solange Sie mit wichtigen Aufgaben beschäftigt sind, gehen Sie selbst nicht ans Telefon. Lassen Sie jemand anderen drangehen, schalten Sie den Anrufbeantworter ein oder ziehen Sie den Stecker aus der Dose.
- Sind Sie gerade in einer Arbeit vertieft und jemand fragt Sie, ob Sie eine Minute Zeit für ihn oder sie haben, dann antworten Sie freundlich, aber bestimmt: „Nein. Im Augenblick leider nicht." Verabreden Sie sich dann mit der betreffenden Person zu einem passenden Zeitpunkt.
- Wenn Sie selbst anrufen, machen Sie es sich zur Gewohnheit,

nachzufragen, ob Ihr Anruf in diesem Augenblick gelegen kommt und der Gesprächspartner bzw. die -partnerin Zeit für Sie hat.

- Begrenzen Sie die Anrufzeit. Sie können z. B. eine Sanduhr neben das Telefon stellen oder den Aufkleber „Fasse dich kurz!" in Sichtweite befestigen. Meine Familie machte den Vorschlag, einfach unsere letzte Telefonrechnung ans Telefon zu heften!
- Wenn Sie mehrere Anrufe nacheinander tätigen müssen, schreiben Sie sich die Nummern auf, damit Sie, falls eine Nummer besetzt ist oder niemand den Hörer abnimmt, Sie später erneut anrufen können, ohne noch einmal nach der Nummer suchen zu müssen.
- Sie brauchen noch lange kein Autotelefon oder ein Handy, nur weil es gerade modern ist. Entscheiden Sie selbst, wie viel Ihrer kostbaren Zeit Sie zum Telefonieren investieren wollen. Für Menschen, die ans Bett gefesselt sind oder im Rollstuhl sitzen, ist ein Handy natürlich ein Riesenvorteil.

Konferenzen und andere Zeitverschwender

Jeder, der mich kennt, weiß, dass ich Konferenzen und Sitzungen verabscheue. Natürlich gibt es auch Konferenzen, bei denen wirklich etwas geleistet wird, aber ich denke an die vielen Mitgliederversammlungen, die sich wie Kaugummi hinziehen und Finanzberichte abgegeben werden, die keinen interessieren. Wenn sich eine Sitzung über Gebühr in die Länge zieht, werde ich kribbelig. Für diesen Fall empfehle ich Ihnen Folgendes:

Tipps für effizientere Besprechungen

- Definieren Sie klar und deutlich, wozu die Versammlung zusammengerufen wird. Legen Sie die einzelnen Gesprächspunkte nach der A-B-C-Methode entsprechend ihrer Priorität fest. Beginnen Sie mit A und schieben Sie die C-Punkte, Protokollabstimmung und Berichte möglichst ans Ende.

155

- Setzen Sie eine Zeitgrenze und halten Sie diese ein. (Hier wieder die Erinnerung: 80 Prozent der Konferenz spielt sich sowieso in 20 Prozent der Konferenzzeit ab!)
- Planen Sie ausreichend Zeit für umfangreiche Tagesordnungspunkte ein, damit sich die Teilnehmer auf die Länge der Konferenz einstellen können.
- Halten Sie die Tagesordnungspunkte möglichst für jeden schriftlich fest. Gestatten Sie Lesezeiten vor oder während der Konferenz. Die Zeit zu den Tagesordnungspunkten ist nur für Fragen und Antworten gedacht, nicht zum Vortragen von Berichten.
- Kalkulieren Sie zu Beginn der Sitzung eine feste Zeit ein, in der sich jeder zu wichtigen Punkten oder Ereignissen äußern kann. Setzen Sie auch hier für jeden Beitrag ein Zeitlimit und unterbrechen Sie, wenn die Redezeit abgelaufen ist.
- Lassen Sie niemals alle Protokolle und Unterlagen von einer einzigen Person vorbereiten. Alle Teilnehmer sollten sich mit den einzelnen Informationen an eine bestimmte Person wenden, die die Agenda koordiniert. So können Sie dann allen Teilnehmern ein fast vollständiges Papier mit allen Protokollpunkten vorlegen.
- Viele Sitzungen kann man sich durch sogenannte Konferenzschaltungen ersparen, das heißt, man holt alle betreffenden Personen für ein Telefongespräch zusammen.

Neben Besprechungen gibt es noch andere notorische Zeitverschwender: Hochzeiten, Familientreffen, Partys, Jubiläen und ehrenamtliche Tätigkeiten. Natürlich können diese Ereignisse auch viel Freude bereiten, sie können aber auch viel Energie und Zeit kosten, wenn wir aus Pflichtgefühl und nicht aus Begeisterung für die Sache handeln. Dazu gibt es eine Faustregel: Sollten Sie einer solchen Einladung ohne innerer Beteiligung oder Freude folgen, dann bleiben Sie lieber zu Hause!

Wenn der Stress traditioneller Feiertage Sie zu überrollen droht, suchen Sie nach anderen, ebenso schönen Alternativen. Sie brauchen eine frohe Erwartungshaltung. Eine Familie, die wir kennen, verbringt jedes Erntedankfest auf dem Campingplatz, anstatt ein großartiges Essen zuzubereiten. Zu Weihnachten gibt es bei uns immer Steaks, Bratkartoffeln und Salat. Das hat sich einmal so zufällig ergeben, und weil es so einfach und zeitsparend ist, ist es inzwischen zu einer schönen Tradition geworden.

Zuerst genaue Informationen besorgen

Wie viel Zeit haben Sie schon verschwendet, weil Sie nicht genau wussten, wann die eingeladenen Gäste kommen oder welche Aufgabe Sie genau tun sollten? Genaue Informationen in der richtigen Reihenfolge zu bekommen ist wichtig, um unsere Zeit klug zu nutzen. Dazu gehört:

1. eine präzise Definition der Aufgabe,
2. die Überlegung, wer uns die richtige Antwort geben kann und
3. das Bemühen, die richtige Antwort von dieser Person zu erhalten.

Das klingt einfach, kann aber recht frustrierend sein. Die richtige Person mag verreist sein oder den ganzen Tag telefonieren. Diese Person muss auch eventuell mit einer anderen Rücksprache halten, um sich abzustimmen.

Tipps, wie man an exakte Informationen herankommt

* Wenn Sie ein größeres Fest planen (angefangen beim Weihnachtsfest bis hin zu einer Festveranstaltung im größeren Stil), dann überlegen Sie sich rechtzeitig, was Sie von anderen wissen müssen und wann Sie die Informationen erhalten können.
* Schreiben Sie sich die Fragen lange genug vor dem Termin auf und rufen Sie notfalls an.
* Machen Sie es den anderen so leicht wie möglich, Ihnen eine gute Antwort zu geben: mit einer frankierten Antwortkarte, einer Vorschlagsliste oder einem Aktionsplan mit der anschließenden Frage: „Einverstanden?"

- Wenn Sie nicht genau wissen, was von Ihnen erwartet wird, dann lassen Sie sich schriftlich geben, was Sie tun sollen.

Hinausschieben von Aufgaben

* * * * * * * * * * * * * * * *

Die kluge Frau weiß: „Nichts beendet das Hinausschieben von Aufgaben schneller als die allerletzte Minute."

* * * * * * * * * * * * * * * *

In dem Buch „You're a Good Man, Charlie Brown" (Du bist gut, Charlie Brown) schreibt Charlie Brown alle Gründe auf, warum er den Bericht zu seinem Buch, der in zwei Tagen fällig ist, hinausschiebt: „Erstens bin ich nicht richtig ausgeruht, zweitens ist der Termin doch erst am Dienstag, und drittens und viertens ich kann sowieso am besten unter Druck arbeiten." Der Charme dieser Ausreden erspart es uns nicht, uns mit ihnen auseinander zu setzen. Viele von uns leben zuweilen nach dem Grundsatz: „Was du heute kannst besorgen, verschiebe rasch auf morgen."

Wir verschieben Dinge aus zwei Gründen: Entweder erscheint uns die Aufgabe schwierig oder unerfreulich. Was schwierige Aufgaben angeht, so meint Beth: „Es gibt da einen Bibelvers, der mir in der letzten Zeit viel bedeutet hat. Er steht in Jesaja 28,12: „. . . denn wir haben Lüge zu unserer Zuflucht und Trug zu unserem Schutz gemacht." Ich habe mit verschiedenen Lügen gelebt. Eine davon war, dass alles perfekt sein muss. Ich hatte Angst, etwas falsch zu machen. Darum habe ich schwierige Dinge hinausgezögert. Einen Brief schreiben etwa konnte mich Stunden fesseln, weil ich ganz genau sein wollte. Jesus lehrte mich, dass ich nicht alles vollkommen machen muss. Heute erledige ich die gefürchteten Dinge zuerst."

Manchmal zögern wir etwas hinaus, weil wir befürchten, wir schaffen diese Arbeit einfach nicht. Wir glauben, wir haben zu wenig Zeit oder kein Geschick dazu und fürchten, dass wir uns zu viel zugemutet haben und uns zum Schluss blamieren.

Oder wir schieben Dinge hinaus, weil wir Angst vor dem Erfolg haben! Eine Studie der Harvard Universität belegt, dass Frauen, die in der Hochschule viel versprechende Leistungen zeigten, aber keinen beruflichen Erfolg erzielen konnten, wesentlich häufiger als Männer dem Erfolg aus dem Weg gehen. Ich finde das gar nicht verwunderlich. Jesus sagte, dass er dem, der in kleinen Dingen treu ist, Größeres anvertrauen will. Bei all den Aufgaben, die Frauen haben, brauchen sie da noch größere?

Ungeliebte Arbeiten lassen sich oft leicht erledigen, aber wir meiden sie häufig, weil sie uns an frühere unerfreuliche Erlebnisse erinnern: Wir haben eine schriftliche Arbeit eingereicht, die keine Achtung fand, oder wir haben Stunden mit der Zubereitung eines Essens verbracht, das niemandem geschmeckt hat, und vieles mehr.

Es gibt Aufgaben, die sowohl unerfreulich als auch schwierig sind. Die meisten Leute schieben solche Arbeiten so lange vor sich her, bis es kritisch wird!

Bevor wir einige Tipps besprechen, wie man vermeiden kann, Dinge auf die lange Bank zu schieben, möchte ich den kleinen Unterschied zwischen Verschieben und Hinauszögern erklären. Verschieben bedeutet, etwas so lange nicht zu tun, bis die persönlich beste Zeit für die Erfüllung dieser Aufgabe erreicht ist. Man will sich heute nicht mit etwas beschäftigen, was erst morgen getan werden soll. Etwas hinauszögern bedeutet, die Aufgabe nicht zu der persönlich besten Zeit zu tun, sondern darüber hinaus zu verschieben. Man schaut sich diesen Punkt auf der Arbeitsliste an und beschließt stattdessen bewusst, etwas anderes zu tun, weil man diese Aufgabe fürchtet oder hasst.

Tipps gegen das Hinausschieben von Aufgaben

Schreiben Sie die Gründe auf, warum Sie eine bestimmte Aufgabe meiden:

- Ist sie zu schwierig? Suchen Sie nach ein oder zwei Teilschritten und beginnen damit.

- Ist sie unerfreulich? Welche Unannehmlichkeiten kann sie nach sich ziehen? Wie schlimm wird das sein? Gehen Sie in Gedanken die ganzen Unannehmlichkeiten durch. Jetzt fragen Sie sich: Wie lange wird die unangenehme Sache dauern? Schauen Sie auf die Uhr und beginnen Sie mit der Arbeit. Trösten Sie sich mit den Worten: „In der und der Zeit ist sie vorbei!" Oder fragen Sie sich: Wie schnell kann ich die Aufgabe erledigen, wenn ich sie nicht perfekt mache? Stellen Sie sich die Uhr und versuchen Sie, in der eingestellten Zeitspanne fertig zu werden.
- Haben Sie Angst, etwas falsch zu machen? Was ist das Schlimmste, was passieren könnte? Stellen Sie sich das genau vor und dann planen Sie, was Sie in dem Fall tun könnten. Sobald Sie wissen, was Sie schlimmstenfalls tun würden, können Sie Ihre Arbeit fortsetzen.
- Was ist Ihrer Meinung nach das Beste, was passieren könnte? Schreiben Sie die postiven Vorstellungen auf und hängen Sie den Zettel in Augenhöhe, damit sie während der Arbeit immer wieder einen Blick darauf werfen können.

Was können Sie tun?

- Denken Sie im Gebet darüber nach, wer Ihnen bei dieser unangenehmen Arbeit helfen würde. Was könnten Sie im Gegenzug dafür bieten?
- Teilen Sie große, schwierige Aufgaben in große und kleine Arbeiten und in schnelle Arbeiten ein, die weniger als zehn Minuten brauchen. Hängen Sie die Liste mit kleinen und schnellen Aufgaben dorthin, wo Sie oft hinschauen, und erledigen Sie, wenn möglich, eine oder zwei davon.
- Erledigen Sie schwierige und unerfreuliche Arbeiten, wenn Sie frisch und ausgeruht sind.
- Belohnen Sie sich mit etwas Besonderem, wenn Sie diese Arbeit erledigt haben (mehr über Belohnungen in Kapitel 14).
- Machen Sie einen Handel mit sich selbst: Ich arbeite heute an dieser Aufgabe dreißig Minuten lang. Danach kann ich aufhören, wann ich will. Stellen Sie die Uhr!

- Erledigen Sie unerfreuliche Arbeiten, als seien Sie die Tochter des Königs aller Könige (das sind Sie übrigens!). Langdon Gilkey berichtet in dem Buch „Shantung Compound", dass die Einzigen, die verschmutzte Gefängnislatrinen reinigten, britische Aristokraten waren. Verwandte eines Königs sind sich für keine Aufgabe zu schade.

- Sollte all das nicht helfen, geben Sie auf. Vielleicht ist diese Arbeit tatsächlich nichts für Sie. Überdenken Sie alle möglichen Konsequenzen für den Fall, dass Sie diese Aufgabe nicht erledigen. Sind Sie bereit, die Folgen zu tragen? Dann kehren Sie dieser Aufgabe den Rücken. Allerdings dürfen Sie sich im Nachhinein keine Vorwürfe machen.

Unordnung

Unordnung erdrückt! Sie erhöht den Stress, verursacht somit Herzprobleme und kann sogar letztendlich zum Tod führen! Machen Sie sich das bewusst, wenn Sie dieses Kapitel lesen, und schauen Sie sich in Ihrem Haus und an Ihrem Arbeitsplatz aufmerksam um.

Wir könnten zum Beispiel alles, was uns gehört, in die Hand nehmen und uns fragen: „Lohnt es sich, dafür zu sterben?" Ein besserer Vorschlag wäre: Bewahren Sie nichts auf, was Ihnen nichts bedeutet.

Besonders bei Umzügen stellt sich die Frage: „Ist dieser oder jener Gegenstand noch von Bedeutung für mich?" Diese Frage kann ich auch in Bezug auf Beziehungen, Lesestoff und Ähnliches stellen. Im Augenblick aber wollen wir uns mit den Gegenstände befassen.

Unordnung bedeutet ein Zuviel an Dingen für den uns zur Verfügung stehenden Raum. Das sind Zeitschriften, die wir nicht lesen, Kleider die wir nicht tragen, Geschirr, das wir nicht benutzen, von uns beschriebene Papiere, die wir nicht mehr brauchen, Akten, die wir nicht mehr öffnen und alles, was wir gekauft haben und nicht mehr unterbringen können.

Unordnung raubt uns Zeit und Lebensqualität und ist wahrscheinlich die unmerklichste Form der Zeitverschwendung. Wir wissen genau, wann wir die Erledigung einer Aufgabe hinausschieben. Aber wir merken kaum mehr, dass wir im Schreibtisch kramen müssen, um eine bestimmte Notiz mit einer Telefonnummer zu finden. Wir sind so an unsere Unordnung gewöhnt, dass die meisten von uns sie gar nicht mehr wahrnehmen – bis das Suchen beginnt. Es gibt ganze Bücher zu diesem Thema.[2]

Tipps gegen die Unordnung

- Wer jeden Abend aufräumt, braucht sich beim Aufstehen nicht die Unordnung von gestern anzusehen.
- Machen Sie Inventur und teilen Sie die Dinge in die drei Kategorien „Ich brauche", „ich möchte" und „ich habe". Fassen Sie Ihren Besitz in Gruppen zusammen wie T-Shirts, Schuhe, Fernseher, Bücher, Platten, Töpfe und Pfannen, Eß- und Kaffeeservice etc. Haben Sie in einer Gruppe mehr Dinge, als Sie brauchen oder möchten? Kein Problem. Verschenken Sie Ihren Überfluss. Überlegen Sie beim Neukauf: „Brauche ich das wirklich?", oder: „Möchte ich das wirklich haben?" Trennen Sie sich von allem, was Ihnen nichts mehr bedeutet. Vielleicht ist es gerade das, was ein anderer braucht.
- Überlegen Sie sich, wie Sie das, was Sie erübrigen wollen, auf nette Art verteilen können. Zu einem Weihnachtsfest verschenkte meine Mutter persönliche Dinge, die wir bei ihr bewundert hatten. Oder verkaufen Sie Ihre überzähligen Sachen auf einem Flohmarkt und geben den Erlös an eine Hilfsorganisation. Oder geben Sie die Gegenstände Hilfsorganisationen, die sich um Bedürftige kümmern.

* * * * * * * * * * * * * * *

Die kluge Frau sagt: „Der Mantel,
der ungenutzt in deinem Kleiderschrank hängt, gehört dem,
der ihn braucht, und die Schuhe, die in deinem Schuhschrank verrotten,
gehören dem, der barfuß laufen muss."

* * * * * * * * * * * * * * *

- Notwendiger Krimskrams (den gibt es ja auch manchmal), sollte dort liegen oder stehen, wo er niemanden stört. Legen Sie einen Stapel ungebügelte Wäsche nicht gerade aufs Sofa, wo sich jeden Moment jemand von der Familie hinsetzen möchte. Verstauen Sie die Sache in einer Ecke und holen Sie sie erst hervor, wenn Sie sie wieder brauchen.
- Schirmen Sie Orte mit Krempel und Krimskrams geschickt ab. Man kann beispielsweise einige große Paravants aufstellen, wenn Besuch kommt. Diese Idee ist auch fürs Büro gut geeignet.
- Kaufen Sie nur nach folgender Regel: Bei jedem neu erworbenen Teil trenne ich mich von einem alten. Begrenzen Sie die Zahl der Dinge, mit denen Sie leben und arbeiten wollen.
- Achtung: Denken Sie an Ihre Ziele, bevor Sie Ihre Schränke leeren. Eventuell werfen Sie genau das weg, was Sie später noch brauchen werden.

Eine zu effiziente Lebensführung

Wir können aber auch eine so effiziente Lebensführung haben, dass wir uns selbst hindern, wirkungsvoll zu leben. Eine zu enge Zeiteinteilung kann der Familie, der Büroarbeit, der Ehe oder der Gemeinde schaden. Menschen sind wichtig. Darum ist es ratsam, sich Zeit zum Spielen und zum Faulenzen aufzusparen. Manches erledigt sich auch ganz von selbst! Ein Frühstück mit dem Ehepartner oder einer Freundin, Spiele mit den Kindern, eine Feier mit Mitarbeitern, Feste in der Gemeinde – all das baut das Leben auf und raubt uns nicht die Zeit. Erholungszeiten sind auch wertvolle Zeiten, um Beziehungen oder Lebensziele neu zu überdenken.

Die kluge Frau sagt: „Ich suche nicht danach, meinem Leben oder mir einen festen Halt zu geben, sondern ich möchte vor allem ein Leben führen, zu dem Gott sein Amen sprechen kann." [4]

Nachdenkenswertes

1. Aus den vielen in diesem Kapitel angesprochenen Ideen suchen Sie sich diejenigen aus, die Ihnen am besten gefallen.
   Schreiben Sie andere stressmindernde Ideen auf, die Ihnen beim Lesen dieses Kapitels eingefallen sind.
2. Wenn einige dieser Punkte in eine Arbeitsliste oder in den Terminkalender gehören, dann tragen Sie diese jetzt ein.

Kapitel 13
Ein Wort zum Thema Geld

„Ich möchte viel Zeit mit meinen Enkelkindern verbringen, sie mit zum Angeln nehmen, ihnen etwas kaufen, zu ihnen fahren und sie zu mir holen. Das alles kostet Geld. Also gehe ich arbeiten, um mir das nötige Geld zu verdienen. Gleichzeitig denke ich immer daran, dass das Geld Gott gehört, genauso wie meine Talente oder die Zeit, die ich einsetze. Alles ist mir nur geliehen, damit ich es für Gott einsetze", erklärt Shirley.

Viele unserer Ziele kosten Geld. Reisen, Ausbildung, der Ruhestand, ja, auch die Hilfe für andere kann Geld kosten. Auch Jesus brauchte Geld für seinen Lebensunterhalt und den seiner Jünger (das geht aus Lukas 8,1–3 hervor). Er bezahlte auch Steuern (siehe Matthäus 17).

Unser Geld für unsere Ziele einsetzen

Damit wir uns so weit wie möglich vom Stress durch Geldmangel frei halten, müssen wir uns fragen: Wie kann ich das mir zur Verfügung stehende Geld zur Erfüllung meiner Lebensziele einsetzen?

Verheiratete Frauen müssen klären, ob es sich hierbei um eine persönliche Angelegenheit handelt oder eine, die die ganze Familie betrifft. In einigen Familien gibt es Familienziele, und das Einkommen wird auf diese Ziele gerichtet. Andere setzen sich vielleicht sowohl Familien- als auch persönliche Ziele, und jeder bekommt ein monatliches Taschengeld für seine eigenen Ziele.

In den Aufgaben am Ende dieses Kapitels ist Gelegenheit, sich mit der Frage auseinanderzusetzen: Welche meiner Ziele erfordern regelmäßig mehr Geld, als ich dafür aufbringen kann? Geld lässt sich auf verschiedene Art und Weise beschaffen: durch Diebstahl, einen Lottogewinn, Einkommenserhöhung, Ansparung kleiner Rücklagen oder Reduzierung der Ausgaben. Da meine Verleger sicher nicht damit einverstanden wären, wenn ich Sie zu den beiden ersten Möglichkeiten ermutige, wenden wir uns den Übrigen zu.

Einkommenserhöhung bedeutet schlicht und einfach, mehr Geld verdienen. Für Sie kann das bedeuteten, dass Sie nach einem höher dotierten Job suchen, Ihren Tätigkeitsbereich verändern (eventuell noch eine Ausbildung machen) oder, falls Sie nicht arbeiten, eine Arbeit annehmen. Ich kenne eine Lehrerin, die sehr kostspielige Hobbys hatte. So lernte sie weiter und wurde Wirtschaftsprüferin. Eine Mutter, die ihren noch kleinen Kindern später eine Universitätsausbildung ermöglichen möchte, muss sich wahrscheinlich dazu entschließen, die Familie finanziell mit zu unterstützen.

Solche Entscheidungen können ein Tauziehen zwischen zwei entgegengesetzten Zielen auslösen. Vielleicht liebte die erwähnte Lehrerin ihren Beruf sehr, oder die Mutter fand es grundsätzlich wichtig, zu Hause bei ihren Kindern zu bleiben. In solchen Fällen müssen die ursprünglichen Ziele gegenüber den neuen Zielvorstellungen abgewogen werden. Solche Entscheidungen sind häufig nicht einfach und eindeutig, sondern können auch Opfer von uns verlangen.

Manchmal zahlen wir auch in kleinen Stücken für die Verwirklichung unserer Ziele. Als ich 1967 aus Schottland zurückkehrte und einen Job fand, bei dem ich gerade so viel verdiente, dass ich davon meine Rechnungen bezahlen konnte, sehnte ich mich dennoch nach einer Rückkehr nach Schottland. Ich überlegte, wie schnell ich meinen Wunsch realisieren könnte, wenn ich wöchentlich fünf Dollar sparen würde. Damals war die Antwort: in zwei Jahren. Jede Woche legte ich von meinem verdienten Geld als Erstes mein Schottlandgeld zur Seite und lebte von dem, was übrig blieb. Das ist mir so zur Gewohnheit geworden, dass ich seither selten ohne einen „Schottlandfond" war. Wenn mir jemand vorjammert: „Ich wünschte, ich könnte dies und jenes tun", dann sage ich: „Das kannst du auch – nur es wird ein Weilchen dauern."

Sparen kann auch bedeuten, dass wir unsere Ausgaben reduzieren. Eine Frau, die sparen wollte, stellte fest, dass sie enorm viel Geld für das Essen in Restaurants ausgab und verlegte sich von da an mehr aufs Selberkochen. Eine andere Frau überprüfte ihre Versicherungsprämien und stellte fest, dass sie durch Umschreibung Geld sparen konnte. Eine dritte Familie zog in ein kleineres Haus und konnte sich so ein Boot leisten.

In Büchereien und Buchläden gibt es Bücher über Finanzierungshilfen und bessere Finanzplanung. Sie helfen zu überprüfen, wo sich Geld für die gewünschten Ziele einsparen lässt.[1]

Die hohen Kosten des Geldes

Manchmal würden wir gern unseren ganzen Lebensstil ändern. Ich denke da beispielsweise an unsere Konsumgesellschaft. Jedes Mal, wenn ich auf einer Jacke den Sticker lese: „Einkaufen – der Sport der Frauen!" packt mich die Wut.

Bis zum Zweiten Weltkrieg haben die Frauen für die Männer die Arbeit geleistet. Zu Hause haben sie tage- und nächtelang für Nahrung und Kleidung gesorgt. In der Landwirtschaft und in den Fabriken arbeiteten die Frauen genauso schwer wie die Männer, wenn auch in verschiedenen Aufgabenbereichen. Während die Männer auf den Schlachtfeldern kämpften, haben ihre Frauen zu Hause harte Männerarbeit verrichtet.

Als der Krieg vorüber war, nahmen die Männer den Frauen die Arbeit wieder ab. Gleichzeitig machten neue arbeitssparende Geräte die Hausarbeit der Frauen leichter. Damit erübrigten sich viele Frauenarbeiten. Und wie sollten die Frauen nun, da sie aus dem Arbeitsprozess außer Haus ausgeschlossen waren, ihre Rolle definieren? Da hatte jemand die Idee: Wir machen aus Frauen Konsumentinnen! Die Männer produzieren Waren, und die Frauen kaufen sie. Männer verdienen das Geld, Frauen geben es aus. So hatte jeder eine andere, aber gleich wichtige Rolle – wirtschaftlich gesehen zumindest.

Sie glauben mir nicht? Dann blättern Sie mal in alten Zeitschriften. Bis etwa 1947 bestanden die für Frauen bestimmten Seiten aus Schnittmustern und Haushaltswaren sowie Rezeptvorschlägen für sättigende Mahlzeiten. Nach dem Krieg verwandelte sich die Werbung für die Frau in Glanz und Glimmer. Die Frauen wurden aufgerufen, Kleidung von der Stange, Partykleider oder Fertigprodukte zu kaufen oder Gourmet-Rezepte auszuprobieren. Später kehrten die Werbeseiten zu dem „Lebensnotwendigen" zurück, verkauften es allerdings als großartige Produkte, die uns zu perfekten Hausfrauen machen sollten. Die augenblickliche Werbung für Kleidung, Kosmetik und sogar für Putzmittel macht uns – oder befreit uns – zu aufsteigenden Karrierefrauen – ob wir das nun wollen oder nicht!

Verstehen Sie mich nicht falsch. Ich möchte genauso wenig wie Sie über einem Kohle- oder Holzofen schwitzen oder Wäsche mit der Hand wringen. Leicht zu pflegende Haushalte sowie ein höheres Einkommen können Frauen tatsächlich dazu befreien, das zu tun, wozu Gott ihnen besondere Gaben geschenkt hat. Aber aufgepasst: Tun wir wirklich das, wozu Gott uns Gaben gegeben hat, oder sind wir nicht bereits in eine Falle getappt, in endlos lange, ermüdende Arbeitsstunden, damit wir uns das kaufen können, was die Hersteller uns verkaufen wollen?

„Ich arbeite, weil ich arbeiten muss!", protestieren Sie vielleicht ungehalten. Es stimmt, dass viele Frauen jeden Morgen aufstehen und zur Arbeit gehen müssen, damit Sie genug zu essen auf den Tisch stellen können. Unser Land spaltet sich mehr und mehr in sehr Reiche und sehr Arme.[2]

Andererseits ist ein Grund, warum zwei Einkommen für den Unterhalt einer Familie notwendig sind, der, dass wir zu viel kaufen. Wenn wir uns mit dem Niveau von 1967 für Haushalt und Autos zufrieden geben würden, wären die Ausgaben dafür heute geringer als damals. Doch wir wollen Breitreifen, Digitaluhren, Klimaanlagen, Designermode, Mikrowellengeräte und mindestens zweieinhalb Badezimmer – und bezahlen dafür mit unserer Lebenszeit![3]

Luxus ist für uns lebensnotwendig geworden. Es ist schließlich kein Zufall, dass, seitdem Frauen wieder verstärkt einem Beruf nachgehen, der hohe Lebensstandard der gehobenen Mittelklasse von gestern zur Norm des niederen Mittelstandes geworden ist. Wie viele

Haushalte besitzen heute ein Videogerät und wie viele noch vor zehn Jahren?

Ich führe den hohen Konsum zumindest teilweise auf die enormen Ausgaben zurück, die wir für unsere Kinder machen. Ist es ein Wunder, dass die kleinen Mädchen von damals, die mit Barbie-Puppen spielten, heute Mütter sind, die ihre Kinder mit den teuersten Kleidungsstücken versorgen und ihnen jeden Wunsch von den Augen ablesen?

Ich finde es sehr traurig, dass im Amerika der Zukunft riesige Häuser fünf Tage in der Woche leer stehen werden, während die Familienmitglieder arbeiten gehen müssen, um diese Häuser zu bezahlen. Samstags macht die Familie ihr Haus sauber und wirtschaftet im Garten, und sonntags brechen alle zusammen. Wenn ein teures Haus zum Gott wird, ist es nur natürlich, dass sonntags alle zu Hause bleiben und diese Art der Anbetung wählen. Aber wann freuen sich die Familien tatsächlich an ihren Häusern? Sind die Häuser und Wohnungen es wert, dass man einen solch hohen Preis dafür bezahlt?

Glauben Sie bitte nicht, dass ich den Frauen damit raten möchte, zu Hause zu bleiben und die Männer für den Unterhalt der Familie sorgen zu lassen. Ich kenne Hausfrauen, die so viel Geld ausgeben, dass sich die Männer für die Rechnungen ihrer Frauen förmlich totarbeiten können.

Sinnvollerweise sollten wir unser Einkommen nutzen, Stress abzubauen und unsere Lebensqualität zu verbessern. Stattdessen verschlingt der Gelderwerb heute ganze Familien. Aus diesem Grund bitte ich die Frauen inständig, ihre Ausgaben im Sinne ihrer persönlichen und familiären Ziele zu überprüfen, damit das mühsam verdiente Geld den gesteckten Zielen dient und sie nicht blockiert.

Neue Wege, Geld auszugeben

Vor einigen Jahren sprach ich mit einer Freundin über richtiges Einkaufen. Sie riet mir: „Wenn du dich im Kaufhaus umschaust, bete im

Stillen: ‚Bitte, Vater, hilf mir, dein Geld weise auszugeben.‘" Ich habe es versucht und entdeckt, dass es funktioniert. Heute kaufe ich weniger und umsichtiger. Markenartikel beeindrucken mich nicht mehr so sehr. Ich achte auf gute Qualität und habe ein Auge für Secondhand-Ware bekommen, die ihren eigenen Reiz hat. Auch bin ich weniger anfällig dafür, etwas zu kaufen, weil alle anderen es haben.

Es gibt noch andere Aspekte, die aus uns kluge Käuferinnen machen können:

1. Wie viele Arbeitsstunden kostet mich der Einkauf? Lohnt sich der Einsatz meiner kostbaren Lebenszeit?
2. Wie lange hält der Artikel? Manchmal ist es billiger, einen teureren Artikel zu kaufen, der länger hält, als einen billigeren, den ich schon bald ersetzen muss.
3. Kaufe ich den Artikel, weil ich ihn wirklich brauche oder haben möchte – oder weil ich gerade unzufrieden bin oder mich langweile und zufällig eine Kreditkarte in meiner Tasche habe? Falls Letzteres zutrifft, was wäre die klügere und billigere Alternative?

Wenn Bonny ihre monatlichen Schecks schreibt, dankt sie Gott für alles, was sie bezahlen kann und betet für die Empfänger der Schecks. „Dabei freue ich mich über manche Einkäufe zweimal, ich empfinde Dankbarkeit und erkenne Gottes Segen, der mir sonst nicht so deutlich würde."

Gail hat den Segen des Opfers erlebt: „Wenn wir den Zehnten Gott geben, kommt sichtlich Ordnung in unser Leben. Der Zehnte hat schon manchen Frauen zu einem geordneten Leben verholfen. Unsere Kinder wollten zuerst nicht den Zehnten von ihrem Geld spenden. Aber wir haben ihnen immer wieder gesagt: Wenn ihr gelernt habt, zehn Prozent von zehn Dollar zu geben, dann fällt es euch später nicht mehr schwer, Gott zehn Prozent von zehn Millionen zur Verfügung zu stellen."

Das Schuldenloch

Schulden reißen ein großes, tiefes Loch, das unsere Energie, unser Geld, unsere Gesundheit und unsere Zukunft verschlingt. Wir geraten in Schulden, weil das, was wir in diesem Moment haben wollen oder meinen, haben zu müssen, mehr kostet, als wir aufbringen können. So nehmen wir eine Hypothek auf unsere Zukunft auf. Meiner Beobachtung nach geraten Männer durch große Anschaffungen in Schulden, wie Leasing eines Autos oder den Kauf einer Ferienwohnung am Meer. Frauen dagegen verschulden sich mit Designermode, teuren Hobbys oder Essengehen, wenn sie keine Lust zum Kochen haben. In manchen Monaten bleibt mir die Luft weg beim Anblick meiner Kreditkarten-Rechnungen. Wie können so kleine Einkäufe eine so große Summe verschlingen!

Die kluge Frau weiß: „Es ist schmerzhafter, von einer Krähe zu Tode gehackt als von einem Krokodil verschlungen zu werden."

Ein geordnetes Leben führen heißt, Verantwortung für unsere Ausgaben übernehmen. Wir können noch so gute Ziele stecken und unseren Tagesablauf optimal planen, wenn laufende Schulden (Kredite, Ratenzahlungen und andere Verpflichtungen) den größten Teil unseres Einkommens auffressen, leben wir zunehmend unter Stress.

Darum sollte eines unserer wichtigsten Ziele mit A-Rang sein: Unsere Schulden zu begleichen, uns von Ratenkäufen zu befreien und nichts auf Pump zu kaufen. Wir haben kaum eine Chance, Geld anzusparen, wenn wir durch Zahlungsverpflichtungen gebunden sind.

Wie können wir uns aus den Zahlungsverpflichtungen lösen? Dazu gibt es verschiedene Möglichkeiten. Eine Frau sagte: „Ich habe in den sauren Apfel gebissen und meine Kreditkarten abgeschafft. Wenn ich Geld bekomme, lege ich zuerst den Zehnten zur Seite, dann bezahle ich sofort meine Schulden. Der Zehnte und das Abzahlen der Schulden waren mein A-Ziel in diesem Jahr." Eine andere Frau rechnete sich aus, wie lange sie brauchen würde, um ihre Kreditkarten und Autoraten abzuzahlen, wenn sie eine zweite Arbeit für diese Zeit aufnähme. Eine andere Familie stellte fest, dass eine Neufinanzierung ihres Hauses eine gute Möglichkeit war, ihre Schulden zu bezahlen: Die neuen Hypothekenzinsen waren weit niedriger als die Zinsen ihrer Kreditkarten und Autoraten. Die Familie konnte mit dem Geld, das sie bei den Hypothekenzinsen einsparte, sofort ihre Kreditzinsen bezahlen.

Bei vielen Leuten ist es jedoch nicht so einfach, von ihren Schulden herunterzukommen. Sie sind ein Fall für den Fachmann. Finanzberater rechnen im Einzelnen aus, wie schnell jemand seine Schulden abbezahlen kann und damit für andere Ziele offen wird.

Nachdenkenswert

1. Überlegen Sie, für welches Ihrer Ziele Sie Geld brauchen. Wie viel Geld ist dafür nötig?
2. Wie können Sie dieses Geld verdienen? Wann wollen Sie es verdienen?
3. Denken Sie noch einmal über Ihre Jahres- und Monatsziele nach und überlegen Sie, wie Sie Geld auf Ihre Ziele hin erarbeiten oder ansparen können.
4. Falls Sie in Schulden stecken, was können Sie unternehmen, von den Schulden loszukommen? Wann wollen Sie damit beginnen?

Kapitel 14

Sich in einer unvollkommenen Welt zurechtfinden

● ◆ ● ◆ ● ◆ ● ◆ ● ◆ ● ◆ ● ◆ ● ◆ ● ◆ ● ◆ ● ◆ ● ◆ ● ◆ ● ◆ ● ◆ ● ◆ ● ◆ ●

Ich kannte eine junge Mutter, die auf alle Zwischenfälle im Leben eine schlagfertige Antwort parat hatte. Wenn sie mit ihren Kindern mal wieder zu spät zur Schule kam, sagte sie gewöhnlich: „Wenn Sie wüssten, wie früh ich aufgestanden bin, umso spät hier anzukommen." Oder: „Dreckige Windeln halten den Lauf der Welt an."

Schenkt man einigen Autoren von Büchern über Zeiteinteilung Glauben, so könnte man meinen, wir seien in der Lage, durch eigene Anstrengung eine perfekte Welt zu schaffen. „Nehmen Sie jedes Blatt Papier nur einmal in die Hand!", lautet der weise Rat. „Erledigen Sie alle Anrufe in der ersten halben Stunde des Tages!" Diese Leute gehen anscheinend davon aus, dass viel Stress durch mangelndes Organisationstalent verursacht wird. Aber was ist mit den übrigen Stressfaktoren?

Die meisten von uns müssen tatsächlich den Lauf ihrer Welt wegen schmutziger Windeln anhalten. Menschen, die wir anrufen, sind nicht zu Hause und müssen noch einmal angerufen werden. Briefe, die wir erledigen wollten, legen wir wieder zur Seite, weil uns eine Information fehlt. Unerwartete Termine überschneiden sich mit Terminen, die wir ohnehin kaum einhalten konnten. Freunde geraten in persönliche Krisen, geliebte Menschen enttäuschen uns – oder sterben.

Neben dem Organisationstalent müssen wir Frauen uns außerdem eine Reihe technischer Fähigkeiten aneignen, um mit den Anforderungen des Alltags in einer unvollkommenen Welt fertig zu werden.

Gestatten Sie es sich selbst . . .

Gloria, eine christliche Ehe- und Familienberaterin, beginnt viele Sätze mit „Gestatte dir selbst doch einmal . . ." Sie erklärt: „Wir sind oft an Ansprüche gebunden wie: ‚Eine Frau sollte . . .' und ‚eine Frau sollte nicht . . .' Die Gesellschaft gestattet uns Frauen oft nicht zu glauben, dass wir stark sind, dass wir die Verantwortung für unser Leben übernehmen können. Darum verhalten wir uns auch entsprechend. Manchmal dürfen wir zwar weinen, aber oft schämen wir uns unserer Tränen und wischen sie rasch weg. Tränen offenbaren die verschiedensten Emotionen – Furcht, Schuld, Traurigkeit, Angst, Ärger, prämenstruelle Spannungen oder sogar Freude und Zärtlichkeit. Unsere Tränen verwirren die Männer. Es hilft, wenn wir klar verbalisieren, was unsere Tränen zu bedeuten haben. Ich versuche das bereits seit langem, und mein Mann hat gelernt, mich ruhig weinen zu lassen, denn er ist nicht verantwortlich für meine Tränen. Ich erlaube mir auch, von Zeit zu Zeit auf Gott wütend zu sein und habe festgestellt, dass Gott damit umgehen kann."

Auch Nancy berichtete, dass es ihre Spannung löst, wenn sie weiß, dass Gott sie liebt, auch wenn sie sich darüber ärgert, dass Gott es zugelassen hat, dass ihr Mann vorzeitig starb. Bonny spricht von einer inneren Befreiung, wenn sie sich erlaubt, einfach zu weinen.

Gloria ergänzte abschließend: „Ich versuche, Frauen darin zu bestärken, dass sie zulassen, das zu werden und zu tun, was sie werden und tun wollen."

Wenn wir unter Gebet unsere Aktivitäten eingrenzen und uns auf diese Weise von zu viel Stress befreien wollen, müssen wir die Frage an uns selbst zulassen: „Was muss ich nicht unbedingt selbst tun, und was erzeugt den größten Stress bei mir?" Wir müssen bei dieser Frage unseren Ärger, unsere Angst und unser Starksein zulassen. Wir müssen uns sogar gestatten, zu wachsen! Denn:

* * * * * * * * * * * * * * * * *

Die kluge Frau weiß: „Die Natur verlangt keine Perfektion, sie verlangt Wachstum."[1]

* * * * * * * * * * * * * * * * *

Nehmen Sie sich Zeit für Gott

C. S. Lewis äußerte sich in jungen Jahren als Atheist überrascht, dass viele seiner Lieblingsschriftsteller Christen waren. Er fand sie damals großartig, „obwohl sie Christen waren." Später stellte er fest, dass der Glaube ihnen eine besondere Tiefe und Anziehungskraft gegeben hatte.[2]

Auch ich kann bestätigen, dass Frauen, die gut mit Stress fertig werden, eins gemeinsam haben: Sie verlassen sich auf das Gebet. Viele von ihnen haben täglich eine feste Stille Zeit. Das gilt sicher nicht für alle Christinnen. Eine Studie über die Frage, wie Glaube beginnt und wächst, ergab, dass wenige professionelle Christen oder auch Laien artikulieren können, was das Gebet für ihren Glauben tatsächlich bedeutet; noch weniger, was die regelmäßige Bibellese bewirkt.[3]

Regelmäßige Zeiten zum Gebet und Bibellesen sind für die meisten von uns nur schwer einzuhalten. Warum ist das so? Vielleicht, weil wir meinen, wir *müssen* als Christen beten und in der Bibel lesen? Eine lästige Pflicht oder Selbstdisziplin also? Oder vielleicht, weil wir es selbstsüchtig finden, in unsere Hektik eine Pause einzulegen? Oder vielleicht wissen wir einfach nicht, wie man eine halbe Stunde mit Bibellesen und Gebet zubringt? Vielleicht sind unsere wenigen Versuche gescheitert und nicht sehr ergiebig gewesen?

Die Frauen, mit denen ich gesprochen habe, sagten (und das ist auch meine Erfahrung), dass wir dann täglich beten und die Bibel lesen, wenn beides für uns nicht mehr Pflicht oder Luxus ist, sondern zum wichtigsten Teil des Tages wird – ein Zufluchtsort, eine Oase, eine Zeit der Freude und Selbstentdeckung. Wer regelmäßig betet, dem geben diese Zeiten Stütze und Halt.

Was mir geholfen hat, regelmäßiger zu beten und in der Bibel zu lesen, war die Änderung meiner Einstellung. Ich setzte mir regelmäßiges Beten und Bibellesen zum Ziel, und damit war es keine lästige Pflicht mehr. Indem ich „viermal wöchentlich beten und Bibel lesen" auf meine Liste schrieb, wollte ich dieses Ziel gern erreichen und freute mich, wenn es mir gelungen war. Solange ich mich in die Pflicht nahm und es doch nicht schaffte, löste das Schuldgefühle bei mir aus.

Wir müssen uns diese tägliche halbe Stunde oder mehr für unser geistliches Wachstum „erlauben", ohne dass wir uns unserer Familie oder unseren Mitarbeitern oder gar unseren Telefonanrufern gegenüber schuldig fühlen. Wenn wir uns diese Zeit mit Gott gönnen, werden wir feststellen, dass unsere Familie und unser Arbeitsplatz keinen Schaden nehmen – im Gegenteil. Beth erzählte, dass sie jeden Nachmittag, bevor ihre vier Kinder aus der Schule kommen, eine Gebetspause einlegt. „Manchmal, wenn ich unleidlich werde, bitten mich die Kinder: ,Mama, mach lieber noch mal eine Gebetspause.'"

Anne schreibt dazu: „Wenn es mir gelingt, meinen Tag mit einer halben Stunde Bibellese und Gebet zu beginnen und ich etwas von Oswald Chambers, Henri Nouwen oder C. S. Lewis lesen kann, gibt mir das den Startschuss in den neuen Tag. Beginne ich aber den Tag ohne klare Blickrichtung auf den Herrn und ohne Gespräch mit ihm, lasse ich viel eher Stress zu, der mich überfordert. Die Stille Zeit ist für einen Christen so wichtig, so unverzichtbar. Es ist seine Grundlage. Wie kann ein Christ, der die Freude der Stille mit Gott kennt, darauf verzichten? Ich weiß es nicht, wie so etwas passiert – aber ich weiß, dass es leicht passieren kann, und das ist tödlich."

Zeitweise müssen wir uns leider mit weniger zufrieden geben. Eine Mutter von drei Kindern unter sechs Jahren liest ihren Kindern jeden Tag eine biblische Geschichte vor und betet mit ihnen. Das ist gleichzeitig ihre eigene Gebetszeit. „In einigen Jahren werde ich wieder meine eigene Stille Zeit haben, aber im Augenblick ist diese Möglichkeit die einzig Richtige für mich", sagt sie. Donna ist Frühaufsteherin. Früher hatte sie immer vor dem Dienst im Krankenhaus Stille Zeit gemacht. Zurzeit ist ihr Sohn jedoch in einem Alter, dass er morgens immer zur gleichen Zeit wie sie aufsteht. „Jetzt spiele ich morgens mit ihm und bete abends. Das ist zwar nicht dasselbe, denn meist bin ich abends erschöpft und müde, aber ich sage mir, das geht vorbei."

Auch Donna macht Frauen Mut, die nicht wissen, wo und wie sie mit dem Bibellesen beginnen sollen. „Ich lese nach dem Plan in einem Jahr die Bibel durch. Das bedeutet für mich, dass ich täglich drei Kapitel im Alten Testament und ein Kapitel im Neuen Testament lese. Dazu jeden dritten Tag einen Psalm und ein Kapitel aus den Sprüchen. Wahrscheinlich brauche ich drei Jahre statt ein Jahr, aber ich lass mich nicht beirren. Ich fühle mich auch nicht schuldig, wenn ich nicht schaffe, was mein Programm mir vorgibt. Ich freue mich an dem, was ich lese und weiß, dass ich am Ende der Woche viel mehr gelesen habe, als ich es ohne mein Programm getan hätte."

Ich persönlich habe ein anderes System. In der festen Überzeugung, dass Gott ein guter Lehrer ist und mich besser kennt als ich mich selbst, habe ich bereits vor Jahren gebetet, dass er mich beim Bibellesen leiten möge. Jedes Mal, wenn ich ein Buch der Bibel zu Ende gelesen habe, lasse ich die Augen über das Inhaltsverzeichnis der Bibel gleiten und bete dabei: „Und was soll ich jetzt lesen?" Wenn mein Blick an einem bestimmten Buch hängen bleibt, dann lese ich es.

Bevor ich zu lesen beginne, frage ich: „Was soll ich beim Lesen erkennen?" Dann lese ich sehr langsam. Fällt mir etwas auf, dann lese ich noch einmal genau. Hin und wieder lese ich ein Buch, das mir nicht geläufig ist (wie zum Beispiel Haggai), und lerne eine neue Wahrheit oder Person (damals war es Serubabel, ein Nachkomme Davids) kennen. Manchmal finde ich Antworten, die genau zu meinen Fragen passen. Und manchmal finde ich wenig für mich. Dann frage ich noch einmal: „Herr, was willst du mir heute sagen?" Oft entdecke ich einen Vers, einen Gedanken oder ein Wort, das sich wiederholt, und sehe darin eine Wahrheit, die ich unbewusst suche.

Aus der Bibellese eine feste Gewohnheit zu machen fällt leichter, wenn man einen bestimmten Platz dafür hat, wo die Bibel, ein Notizbuch für Gebete und vielleicht ein Andachtsbuch in Reichweite liegen. Wenn wir unsere Bibel jeden Tag erst suchen müssen, entwickeln wir diese Gewohnheit ungleich langsamer.

Zu Menschen, die noch keine Übung im Beten haben und sich schuldig fühlen, weil sie immer erst beten, wenn sie an ihre Grenzen stoßen, sagt Oswald Chambers (übertragen auf Frauen): „Wenn eine Frau am Ende ihrer Weisheit anlangt, ist es nicht feige zu beten. Es ist die einzige Möglichkeit, mit der Realität fertig zu werden. Sei vor Gott, wie du bist, und breite ihm deine Probleme aus, alle Dinge, die dich dorthin gebracht haben, wo du jetzt stehst."[4]

In Kapitel sechs haben wir nach dem Sinn und Zweck unseres Lebens gefragt. „Machen Sie sich immer wieder klar, was der Sinn Ihres Leben ist. Am von Gott bestimmten Lebensende einer Frau steht weder Glück noch Gesundheit, sondern die Heiligung."[5] Die tägliche Suche nach der Begegnung mit Gott ist ein ganz wichtiger Schritt, um die hohen Anforderungen einer unvollkommenen Welt zu bewältigen.

Ruhen Sie sich aus, wenn Sie müde sind

Erstaunlich viele Frauen, die ich befragte, erklärten, dass ausreichend Schlaf für sie ganz wichtig ist, um nicht in Stress zu geraten.

„Für mich gehört zu jeder Art von Arbeit ausreichend Schlaf, angemessene Zeit für mich und geistliche Nahrung", erklärt Martha. „Diese Ausgewogenheit finde ich ganz wichtig."

„Für mich ist ausreichender Schlaf lebensnotwendig", meint auch Helen. „Ich brauche nachts mindestens sieben Stunden Schlaf. Dazu muss ich mich regelrecht zwingen. Gerade bevor ich zu Bett gehe, könnte und würde ich am liebsten noch eine Menge erledigen. Aber wenn ich kontinuierlich zu wenig schlafe, dann werde ich erst ganz überdreht und dann apathisch."

In den meisten Teilen der Erde ist eine Siesta unverzichtbarer Bestandteil des Tages. Unsere jungen Mütter dagegen brüsten sich stolz: „Mein Kind schläft nie mittags!" Dann kann ich nur bei mir denken: „Armes Kind!" Die meisten Kinder machen gern einen Mittagsschlaf, wenn ihre Mütter ihnen eine Geschichte vorlesen, sie in den Schlaf wiegen, sie regelmäßig nach dem Mittagessen hinlegen und sie ein paar Stunden in Ruhe lassen. Meine beiden Söhne schliefen mittags aus dem ganz einfachen Grund, weil ihre Mutter einen Mittagsschlaf brauchte! Oft habe ich ein schlechtes Gewissen wegen dieser Angewohnheit gehabt – vor allem, als die Buben bereits zur Schule gingen. Aber ich weiß, dass ich durch diese Nachmittagsruhe die Nerven behalte. Ich war ganz erleichtert, als ich erfuhr, dass auch andere Frauen sich mittags hinlegen, und ich freue mich, wenn eine neue Studie wieder einmal bestätigt, dass Mittagsruhe Stress abbaut und uns aufruft, uns den Mittagsschlaf wieder anzugewöhnen. Gönnen wir uns doch die Ruhe, die wir brauchen!

Es gibt noch eine andere Art der Erholung: die wöchentliche Sonntagsruhe. Gott hat uns nicht etwa den Rat gegeben, einen Tag in der Woche auszuruhen und für unsere Seele zu sorgen. Er hat es uns befohlen! Mein Mann hatte eine Predigt über den Sabbat auszuarbeiten, und nachdem er sie gehalten hatte, änderten wir bewusst unsere Sonntagnachmittage. Wir ruhten uns aus, erholten uns und reaktivierten unseren Geist und unsere Seele. Wir erlaubten uns einen Mittagsschlaf, faulenzten und, obwohl wir beide unsere Arbeitsplätze im Haus haben, mieden wir unsere Schreibtische. Diese Disziplin kann bedeuten, dass wir an den übrigen Tagen in der Woche mehr arbeiten müssen. Wir stellten fest, dass ein Ruhetag in der Woche unserer gesamten Zeiteinteilung eine neue Ordnung gibt.

Gordon MacDonald sagt in dem schon erwähnten Buch „Ordering Your Private World" (Ordnen Sie Ihr Privatleben), dass er, da er an den Sonntagen predigen muss, mit seiner Frau den Dienstag zu seinem Sonntag gemacht hat. Wenn Sie sonntags arbeiten müssen, welchen Tag in der Woche können Sie zu Ihrem gottgegebenen Ruhetag erklären?

Auf die Plätze – fertig – los

Die meisten Frauen, die ich interviewt habe, treiben jede Woche Sport – entweder arbeiten sie im Garten, spielen Tennis, gehen spazieren oder laufen. Ganz gleich, welche Sportart sie betreiben – Ihr Sport trägt zu Ihrer Entspannung bei.

„Es ist wichtig, dass ich mir einen Ausgleich schaffe", meint Donna. „Ich muss mich einfach auch um meine Gesundheit kümmern, ob ich will oder nicht. Im Grunde mag ich nämlich gar keinen Sport."

Gloria: „Ich laufe jeden Morgen. Dabei kann ich wunderbar beten – für den neuen Tag und für die Menschen, denen ich begegnen werde. Ich bitte Gott, dass er mich auf alles vorbereitet."

Ich selbst habe dem Sport nie etwas abgewinnen können. Meine tägliche Lieblingsstrecke ist vom Schreibtisch zum Kühlschrank, wo ich mir ein Glas Tee hole. Ich habe mich sogar über meine Schwiegermutter lustig gemacht, die dreimal in der Woche in ihre Aerobic-Gruppe geht. Als sie eines Tages einen schweren Autounfall erlitt, erholte sie sich erstaunlich schnell. Was die Ärzte sagten, gab mir zu denken: „Sie war super in Form!"

Als mein Mann einige Monate vor uns nach Florida umzog, begann er mit dem Fahrradfahren. Als die Kinder und ich nachzogen, war er so fit und flott, dass er uns alle ansteckte! Wir brachten noch in der Umzugswoche unsere Fahrräder in Ordnung. Und in diesem Sommer fuhren wir mindestens einmal die Woche abends an den Strand zum Schwimmen. Nach dem Schwimmen konnte ich immer klarer denken, tiefer schlafen und mindestens genauso lange arbeiten wie sonst.

Gottes Modell für die Kindererziehung

Gail berichtete mir, dass eine große Sorge in ihrem Leben immer die gewesen war, dass ihre vier Kinder sich schlecht benehmen könnten. „Wenn sie sich daneben benahmen, fühlte ich mich schuldig. Ich machte mir Vorwürfe, dass ich sie zu oft allein gelassen hatte und dass ich ihnen nicht genug Zeit schenkte." Weil ich mir ähnliche Gedanken mache (und ich nehme an, einigen von Ihnen geht es ebenso), fragte ich Gail, wie sie damit fertig geworden ist.

„Manchmal habe ich alles stehen und liegen lassen und den Kindern mehr Zuwendung geschenkt. Manchmal habe ich mich mit dem Gedanken beruhigt, dass Aufsässigkeit bei Kindern ganz normal ist. Ich fand es wichtig, mit den Kindern gemeinsam herauszufinden, was ihnen gut tut. Sie sollten sich mit sinnvollen Tätigkeiten beschäftigen und sich nicht nach anderen Dingen umschauen. Wir als Eltern investierten viel Zeit in die Jugendprogramme unserer Kirchengemeinde und in außerschulische Aktivitäten. Aber das haben wir sehr gern getan."

Da fällt mir eine Predigt ein, die ich einmal gehört habe. Gott hat seinen Kindern Israel nie etwas verboten, ohne ihnen gleichzeitig zu sagen, was sie stattdessen tun sollten. Ein gutes Modell für unsere eigene Kindererziehung, finde ich.

Akzeptieren Sie Ihre Grenzen

Wenn man die Leute so reden hört, könnte man meinen, unser Stress resultiere aus den Anforderungen, die andere an uns stellen. Seien wir jedoch einmal ehrlich: Wir Frauen müssen zugeben, dass wir den meisten Stress selbst produzieren, indem wir unrealistische Anforderungen an uns selbst stellen. Darum können wir einen guten Teil Stress loswerden, indem wir uns so annehmen, wie wir sind und mit dem zufrieden sind, was wir tatsächlich leisten können.

„Ich habe eine hohe Erwartungshaltung und mir immer hohe Ziele gesteckt", sagt Donna. „Aber manchmal muss ich mir einfach sagen: ‚Lass dir Zeit. Du hast dein Leben noch vor dir.' Ich muss nicht alles sofort erledigen. Darum habe ich mir angewöhnt, mich zu fragen: ‚Was soll ich heute tun?' Dabei lege ich einmal die Betonung auf *heute* und anschließend auf *ich*. Seitdem kümmert es mich nicht mehr, was meiner Meinung nach mein Mann, mein Sohn oder die Mitarbeiter tun sollten. Ich habe gelernt, mich nicht um das zu sorgen, was mich nichts angeht."

„Ich darf mich nicht verzetteln", seufzt Maxine. „Ich nehme nur noch Verpflichtungen an, wo ich Begabung habe. Zum Beispiel bin ich in keinem Ausschuss mehr. Dadurch vermeide ich eine ungesunde innere Anspannung. Wenn ich etwas gern tue, dann finde ich auch Mittel und Wege dazu. Mit einer positiven Einstellung und Sinn für Humor geht vieles wie von selbst."

„Im Laufe der Jahre", so Shirley, „habe ich gelernt, Dinge, mit denen ich nicht zurechtkomme, an Gott abzugeben. Wenn ich an einer Sache nichts ändern kann, dann weigere ich mich, mir weiterhin Sorgen darüber zu machen."

„Ich gerate immer in Stress, wenn ich meine eigenen Fähigkeiten und meine Zeit nicht richtig einschätze; also mehr tun will, als ich in der mir zur Verfügung stehenden Zeit überhaupt schaffen kann. Ich bin jung verheiratet. Eine gute Ehe zu führen und sich aufeinander einzustellen kostet viel Zeit und Energie", berichtet Helen.

Bonnie meint: „Oft höre ich mich sagen: „Ich sollte . . .". Dann halte ich sofort inne und denke daran, dass ich getan habe, was ich tun wollte. Ich habe ferngesehen oder ein gutes Buch gelesen. Das hat viel Zeit beansprucht. Nun gut, dann habe ich eben diese Ablenkung gebraucht. Vielleicht habe ich aber auch Zeit vertrödelt. Dann vergebe ich mir auch das. Es hat jemand mal gesagt: ‚Wenn wir das, was ist, nicht so akzeptieren, wie es ist, machen wir uns das Leben zur Hölle.' Vieles im Leben ist vorgegeben: Für mich ist es dieser Rollstuhl, das Alleinsein, die viele Arbeit. Wenn ich diese Dinge nicht akzeptiere, gerate ich in einen ungeheuren Stress. Also muss ich sie akzeptieren und so gut ich kann weitermachen."

Belohnen Sie sich selbst

Donna war es, die mich auf den folgenden Gedanken brachte: „Es gibt Bereiche wie Sport oder richtige Ernährung, die ein Wohlgefühl auslösen und damit in sich eine Belohnung darstellen. Unangenehme Dinge dagegen zögere ich gern hinaus. Das ist jedes Mal ein Kampf. Größere Aufgaben, die ich vor mir hergeschoben habe und irgendwie ungern erledige, bergen keine Befriedigung in sich. Dann belohne ich mich selbst, und zwar nicht mit Kleinigkeiten, die sich aufessen lassen und verschwinden und vielleicht auch noch ein neues Problem heraufbeschwören, sondern mit etwas richtig Schönem.

So setzte ich mich hin und schrieb auf, welche unbefriedigten Bedürfnisse ich empfand. Zum einen habe ich ein mangelndes Selbstwertgefühl und zum anderen das Bedürfnis, richtig angehört und geliebt zu werden. Als Teenager habe ich oft Kleidung getragen, die mich hässlich machte. Heute ist gutes Aussehen etwas, das mich aufbaut.

Wenn ich eine größere Aufgabe erledigt habe – zum Beispiel eine

Begrüßungsansprache für eine Frauenkonferenz – dann belohne ich mich für diese schwierige Arbeit und kaufe mir ein richtig schönes Outfit. Oder wenn ich eine anstrengende Zeit hinter mir habe, belohne ich mich mit einem Besuch beim Frisör.

Es liegt in der Art der Frauen, andere zu verwöhnen und zu umsorgen. Ich finde es allerdings auch wichtig, dass wir Frauen uns auch selbst verwöhnen und umsorgen.

Das kann Elise nur bestätigen. „Ich belohne mich mit drei Dingen für das, was ich täglich leiste. Erstens lasse ich mir alle drei Wochen die Nägel maniküren. Einigen mag das albern erscheinen, aber ich habe früher Nägel gekaut. Als Anwältin sind meine Nägel immer im Blickfeld, und meine Nägel waren mein Problem. Jetzt habe ich gepflegte Hände. Das macht mich froh. Beides ist eine Belohnung für mich und beseitigt ein großes Ärgernis. Außerdem spiele ich jede Woche zweimal Tennis. Und weil ich so viel Zeit im Auto verbringe, habe ich mir ein bequemes Auto gekauft."

Beide Frauen arbeiten unter hoher Belastung und Verantwortung. Sie verdienen gut. Dadurch fallen ihre Belohnungen reichlicher aus als bei vielen anderen. Es gibt auch andere Möglichkeiten, sich für schwere Arbeit selbst zu belohnen: Shirley geht angeln. Maxine fährt fast dreißig Kilometer zum Einkaufen, damit sie ungestört bummeln kann. „Oft kaufe ich gar nichts. Ich schaue mir nur alles an." Eine andere Belohnung ist für sie das Reisen – und gleichzeitig ein starker Anreiz, anstehende Arbeiten zu erledigen. „Ich sage mir: ‚Das und das will ich erledigt haben, bevor wir losfahren‘".

Ich fand die Idee, sich bewusst zu belohnen, faszinierend. Aber für mich kam das wohl nicht infrage. Das meiste, was ich tue, tue ich gern. Ist eine gut erledigte Aufgabe nicht Belohnung genug?

Nein. Ich dachte darüber nach und stellte fest: Es gibt Samstage nach einer harten Woche, da beschließe ich: „Ich bleibe heute Morgen mit einem Buch im Bett." Oder ich setze mich nach dem Abschluss eines Kapitels mit einer Tasse Tee zu Bob. Und es gibt viele Abende, in denen ich meine, so viel gearbeitet zu haben, dass ich nicht mehr kochen müsste. Überlegen Sie: Vielleicht belohnen Sie sich selbst ganz unbewusst.

Wenn wir harte Arbeit mit einer Belohnung ausgleichen und uns

Dinge gönnen, die wir uns wünschen oder an denen wir uns freuen, ist das auf jeden Fall eine gute Methode, Stress abzubauen.

Sagt Dank in allen Dingen

Anfangs war ich überrascht und erstaunt, wie oft das Wort „dankbar" von den Frauen, die ich befragte, ausgesprochen wurde. Gail ist dankbar für ihr Haus, das so leicht zu pflegen ist; für ihren Mann, der sie bei ihren vielen ehrenamtlichen Tätigkeiten unterstützt; für seinen Beruf, der es ihm ermöglicht, abends zu Hause zu sein; für Gottes Gegenwart bei der Krankheit und beim Tod ihres jüngsten Sohnes, und für ihre Gemeinde. „Ich bin so dankbar, dass wir mit den jungen Menschen in unserer Gemeinde so viele Jahre arbeiten dürfen. Dabei haben wir viel gelernt."

Bonnie äußert sich ähnlich: „Sobald ich mich bedrückt fühle, bemühe ich mich um eine dankbare Einstellung. Ich danke in solchen Momenten Gott für kleine Dinge, die ich normalerweise für selbstverständlich halte, wie fließendes Wasser, eine Toilettenspülung, eine Klimaanlage und Heizung, Teppiche auf dem Boden und ein Kopfkissen unter meinem Kopf. Fange ich erst an, Gott für solche Segnungen zu danken, fällt mir immer mehr ein. Letzte Woche habe ich Gott für meine Vorfahren gedankt. Ich muss mich ganz bewusst für diese dankbare Haltung entscheiden anstatt zu lamentieren. Bleiben unsere Gedanken dagegen an den Problemen hängen, werden wir zu Menschen mit Problemen und – für uns selbst und andere problematisch! Ich möchte lieber dankbar werden."

Bettys Mutter ist Ende neunzig und eine meiner liebsten Freundinnen. Sie ist immer voll Lob und Dank. Ein Besuch bei ihr ist beglückend und wird für beide zum Segen. Sie erzählt voller Dankbarkeit und erinnert mich dadurch an eigene Segnungen, die ich längst vergessen hatte. „Mutter ist ein lebendiges Beispiel dafür, dass durch den Dank an Gott ein Leben in Ordnung ist. Dankbarkeit verwandelt meine tägliche Routinearbeit und unangenehmen Aufgaben, die oft bedrückend und nervig sind. Wenn es etwas gibt, wofür ich meine Mutter in Erinnerung behalten werde, ist es ihr dankbares Herz."

Nachdenkenswertes

1. Gibt es Lebensbereiche, in denen Sie sich das eine oder andere erlauben sollten, wie

- Schwäche? (über eine Situation oder Ereignis weinen?)
- Stärke? (Verantwortung für einen Lebensbereich übernehmen?)
- etwas aufzugeben?
- etwas zu beginnen, was Sie nie gemacht haben?

Suchen Sie sich einen Bereich aus und entschließen Sie sich heute zu einer Sache. Damit zeigen Sie, dass Sie sich wirklich etwas erlauben.

2. Sollten Sie sich zum Ziel gesetzt haben, regelmäßig Zeit mit Gott zu verbringen, dann bedarf es der Planung. Müssen Sie sich eine Gebetsecke einrichten? Brauchen Sie eine Bibelübersetzung, die Sie gern lesen? Haben Sie ein Notizbuch für Gebete und einen Stift zur Hand? Wählen Sie ein oder zwei christliche Bücher aus. Was können Sie heute erledigen, um das sich gesetzte Ziel zu erreichen?

3. Schauen Sie sich den nächsten Tag und die nächste Woche an. Haben Sie Ruhepausen eingeplant – einen Mittagsschlaf, eine halbe Stunde mit einem guten Buch, ein paar Minuten Stille? Wollen Sie es versuchen? Wann und wie fangen Sie an?

4. Wenn laute Kinder Sie nervös machen, brauchen die Kinder vielleicht Hilfe, damit sie wissen, was sie tun sollen? Ein wenig Zeit, in der Sie sich ihren Aufgaben widmen, könnte vielleicht Ihnen und den Kindern helfen.

5. Schlagen Sie noch einmal die Aufgabe von Kapitel eins auf und schreiben Sie eine neue Stressliste. Hoffentlich sind viele der früheren Stressfaktoren verschwunden oder kleiner geworden. Haben Sie noch Stress, weil Sie Ihre eigenen Grenzen nicht akzep-

tieren? Schauen Sie sich Ihre neue Stressliste an und streichen Sie unter Gebet Folgendes aus Ihrem Leben:

- den Versuch, andere Menschen zu kontrollieren,
- Dinge, die Sie nicht gut können,
- Sorgen, die Sie nicht abstellen können,
- Ärger über eigene Fehler, die in der Vergangenheit liegen.

Eine Frau schlug folgendes Gebet vor: „Herr, ich gestehe, ich weiß, dass ich keine Superfrau bin. Bitte, vergib mir, dass ich so getan habe, als ob. Zeige du mir, was du möchtest. Mache mir klar, was ich tun und was ich lassen soll. Danke, dass du mich so annimmst, wie ich bin. Amen."

6. Womit belohnen Sie sich für gute Arbeit? Womit wollen Sie sich in dieser Woche belohnen, wenn Sie Ihre Wochenziele erreicht haben?

7. Beginnen Sie heute mit einer dankbaren Haltung. Können Sie zehn Dinge aufschreiben, für die Sie dankbar sind? Zwanzig? Fünfzig? Können Sie diese Dankbarkeit im Gespräch mit anderen heute zum Ausdruck bringen? Können Sie Gott danken?

Zusammenfassung

Viele Frauen arbeiten zu viel. Warum eigentlich? Weil wir Anerkennung brauchen, das Gefühl, gebraucht zu werden, oder weil wir tatsächlich meinen, sooo viel tun zu müssen. Schließlich gelangen wir zu der Überzeugung, dass die Welt ohne uns untergeht. Das allerdings ist Einbildung. Gott hat uns nicht dazu geschaffen, dass wir uns totarbeiten. Durch ein ehrliches Gespräch mit Gott und gute Planung kann das, was wir tun, sogar zu einer erfreulichen Last werden.

Unser Leben wird allerdings nie frei von Sorgen, Spannungen und Stress sein. Es ist unsere Aufgabe als Töchter eines liebenden Vaters herauszufinden, welchen optimalen Sinn und Zweck Gott sich für unser Leben ausgedacht hat. Und auf diese Zielrichtung hin sollten wir leben. Geraten wir in Stress, kann das Folgendes bedeuten:

* Gott hat uns einen Prüfstein in den Weg gelegt;
* wir sollen die uns zugewiesene Aufgabe unterbrechen oder
* die Richtung überprüfen und uns fragen, ob wir noch auf dem rechten Kurs sind.

Wie können wir unser Leben ordnen und Stress mindern? Indem wir Barrieren überholter Ordnungsvorstellungen niederreißen, uns im Gebet Lebensziele zeigen lassen, unsere Zeit und unsere Finanzen auf diese Ziele ausrichten und unserem Körper und Geist regelmäßig Ruhe und Erholung gönnen.

Vor allem kommt Ordnung in unser Leben und der Stress hält sich in Grenzen, wenn wir uns an den wenden, der uns geschaffen hat. Über meinem Monitor hängt ein Gebet, das Eleanor Roosevelt in ihrer Brieftasche bei sich getragen haben soll:

„Unser Vater, der du zulässt, dass wir zu rastlosen Suchern nach dem, was wir nicht finden können, geworden sind, lass uns die Arbeit nicht aufgeben, die zu schwierig für uns ist, damit wir uns zu dir flüchten und uns bei dir Kraft holen."

Oder wie mein Sohn Barnabas es ausdrückt: Gott fragt: „Du glaubst, das ist Stress? Was soll ich denn sagen? Ich muss mich schließlich um das ganze Universum kümmern!"

Ganz sicher können wir einem Gott mit dieser Erfahrung zutrauen, dass er auch unser kleines Leben in Ordnung bringen wird.

Anhang A:
Zwei Beispiele für das Aufstellen von Zielen

* *

Ich habe hier zwei Beispiele aufgelistet, die zeigen, wie Lebensziele unterteilt sind nach Langzeit-, Kurzzeit-, Jahres-, Monats- und Wochen-Aufgaben. Jedes Beispiel beinhaltet gleichzeitig, was in einer Tagesliste erscheinen würde. Dies hier sind nur Beispiele und keine Vorschläge für Ihre eigenen Lebensziele!

Lebensziel Nr.1
Gott kennen, lieben und vertrauen lernen

Ziel für den derzeitigen Lebensabschnitt:
regelmäßig beten und in der Bibel lesen

Ziel für dieses Jahr:
Viermal wöchentlich beten und in der Bibel lesen; vier Bücher in diesem Jahr lesen, die mir in meinem geistlichen Wachstum helfen.

Jahresplanung:
Zeit und Ort für regelmäßiges Gebet und Bibelstudium festlegen. Studienbücher auswählen.

Monatliche Aufgaben (mit Reihenfolge der Monate):
In den Kalender schauen und die beste Zeit auswählen (Januar)
Rundgang durchs Haus machen und den besten Platz aussuchen (Januar)

Eine geeignete Bibelübersetzung wählen (Januar)
Notizbuch als Gebetstagebuch anlegen (Januar)
Ein Buch der Bibel zum Durcharbeiten aussuchen (Januar)
Buch für geistliches Wachstum aussuchen (Februar, Mai, August, November)
Nach und nach in der gewünschten Häufigkeit beten und lesen
Jeden Monat abschätzen, wie gut das Ziel erreicht wurde

Wöchentliche Aufgaben:
In dieser Woche viermal Zeit zum Gebet und Lesen nehmen
Im Gebet eine Übersetzung aussuchen und ein Buch der Bibel zu lesen beginnen

Aktivitäten-Liste für einen Tag:
Eine Bibel und ein Notizbuch für Gebete kaufen
Eine halbe Stunde Stille Zeit halten

Lebensziel Nr. 2
Meinen Freundeskreis pflegen

Ziel für den derzeitigen Lebensabschnitt:
alte Freundschaften auffrischen

Ziel für dieses Jahr:
Kontakte zu ehemaligen Mitschülern knüpfen, die ich Jahre nicht gesehen habe

Jahresplanung:
Drei ehemalige Mitbewohnerinnen meiner alten Wohngemeinschaft ausfindig machen und ein kleines Treffen vorschlagen.

Monatliche Aufgaben (mit Reihenfolge der Monate):
Alle diese Personen anrufen und ihr Interesse feststellen (März)
Bei Interesse Ort und Zeit des Treffpunktes vereinbaren (März)
Einzelheiten planen: Picknick, Reise, Unterhaltung (Sommer)

Treffen durchziehen (Herbst)
Abschätzen, ob jährliches Treffen wertvoll ist (Dezember)

Aufgaben für eine Woche:
Anrufe (ein oder zwei Abende ansetzen)
Bei Interesse Reservierung in einem Hotel vornehmen
Schriftliche Bestätigung an jede Teilnehmerin verschicken

Aktivitäten-Liste für einen Tag:
Telefonnummern heraussuchen
Heidi und Maren anrufen
Briefpapier kaufen
Briefmarken kaufen

Anhang B:
Die Frauen, die an diesem Buch mitgearbeitet haben, stellen sich vor

Anne unterrichtet Englisch an einem College ; sie ist verheiratet und hat zwei erwachsene Töchter. In ihrer Kirchengemeinde ist sie sehr aktiv. Häufig hütet sie die Kinder befreundeter Ehepaare, um diese zu entlasten. Ihre beiden Töchter sind seit frühester Kindheit Diabetikerinnen. Von klein auf sind ihnen Spritzen, Diäten, Blut- und Urintests und Krankenzimmer vertraut. Anne und ich kennen uns seit der Schule. Wir sind gute Freundinnen und haben schon viel miteinander gebetet. Es ist bewundernswert, wie sie ihr unglaubliches Arbeitspensum mit Humor und gesundem Menschenverstand bewältigt.

Beth ist Hausfrau und Mutter von vier Kindern im Alter von acht bis achtzehn Jahren. Sie ist von ganzem Herzen Ehefrau und Mutter und, als Frau eines Bibelschullehrers, auch zuständig für die Seminare für Frauen. Erst vor kurzem sprachen wir anlässlich einer Konferenz miteinander. Dabei wurden wir von ihren Kindern und deren Freunden unterbrochen. Beth hatte für jedes Kind ein nettes Wort oder gab ihm einen Kuss. „Die Bluse habe ich noch gar nicht an dir gesehen." – „du hast aber eine hübsche Frisur, die gefällt mir." Klar, dass alle Kinder, nicht nur die eigenen, Beth mögen. Leider sind vor einiger Zeit ihre beiden Schwestern ernstlich erkrankt. Was sie sehr belastet und ihre Zeit stark einschränkt. Im Moment kümmert sie sich rührend um ihre Schwestern und deren sieben kleine Kinder und dazu hat sie schließlich noch ihre eigene Familie.

Betty ist engagierte Musikerin und Komponistin. Sie gehört zu einer Lobpreis-Gruppe, die regelmäßig Workshops anbietet. Sie arbeitet in einem überregionalen Komitee für Kirchenmusik mit. Sie und ihr

Mann Graham haben eine Gemeinde gegründet. Beth hat sechs Kinder großgezogen, von denen vier bereits verheiratet sind. Sie schenkte mir Ihren freien Vormittag für dieses Interview und lud mich anschließend zum Essen ein!

Bonnie gehört zu einem Team von drei Personen, die in ihrer Gemeinde Erwachsenenbildung anbieten. Durch ihre Ausbildung als Pädagogin arbeitet sie auch an den Lehrplänen für die Sonntagsschule mit. Gleichzeitig arbeitet sie im Gemeindebüro und ist jeden Sonntag für die Planung und den Ablauf der Sonntagmorgen-Veranstaltungen der Gemeinde verantwortlich. Mit sieben Jahren erkrankte Bonnie an Kinderlähmung und sitzt seitdem im Rollstuhl. Sie wohnt und arbeitet allein in einem Haus, das ihren Bedürfnissen angepasst ist.

Donna ist Hebamme in einer Privatpraxis. Ihr Mann arbeitet als Krankenpfleger. Sie haben gemeinsam einen vierjährigen Sohn. Ihr größtes Hobby ist die Musik. Seit Jahren ist sie für die Musik in ihrer Gemeinde zuständig. Als ihr Sohn zwei Jahre alt wurde, entdeckte man bei dem jungen Vater einen bösartigen Gehirntumor. Damit war, wenigstens vorerst, der Traum von einem eigenen Geschäft für Kunsthandwerk und Möbel zerbrochen. Durch diese Einschränkung und durch häufige Kurzarbeit im Pflegedienst haben sie auch ihren Wunsch nach einem weiteren Kind zurückstellen müssen.

Elise ist Rechtsanwältin, die Frau eines Universitätsdirektors und Mutter von drei Kindern. Als wir miteinander sprachen, hat ihr Jüngster gerade wegen des Studiums das Haus verlassen. Der Älteste wird, wie die Mutter, Jurist. Elise ist im Vorstand einer Bibelschule und Älteste in ihrer Gemeinde. Als Erholung von ihrem anstrengenden Tagesprogramm pflegt Elise den Kontakt zu fünf Frauen, die sich zweimal im Monat treffen, sich austauschen, miteinander beten und sich gegenseitig zum Essen einladen.

Gail lud mich zum Essen ein. Sie hatte gerade die Hochzeit ihrer Tochter und die Geburt ihres dritten Enkelkindes hinter sich gebracht. Aber sie machte wie immer einen ausgeglichenen, frischen Eindruck. Gail ist Mutter von vier Kindern und verlor vor einigen Jahren ihren zweiten Sohn an Leukämie. Sie ist Hausfrau, Gemeindeälteste und sehr aktiv in ihrer Gemeinde sowie in einigen Ausschüssen verschiedener Hilfsorganisationen. Unmittelbar nach der Hochzeit ihrer Tochter stürzte sich Gail in ihre aufwendigste Organisationstätigkeit: Sie leitet und koordiniert den alljährlich stattfindenden großen Lauf zu Gunsten der Hungerhilfe in ihrer Stadt.

Mary Gene heiratete früh und hat drei Kindern. Sie ist geschieden und dadurch gezwungen, für ihren Lebensunterhalt und ihre Altersvorsorge zu sorgen. Sie ist nach San Francisco gezogen und lebt in einer Gemeinschaft, die wie eine Familie zusammenhält. Sie arbeitet als Sekretärin. Vor einigen Jahren hat sie ihre vielen Ämter neuen und jüngeren Gemeindemitgliedern übertragen und sich stattdessen um Aids-Kranke gekümmert. Inzwischen hat sie aber wieder Verantwortung für viele soziale Bereiche in ihrer Gemeinde übernommen und hilft auch im Kindergottesdienst mit.

Gloria ist psychologische Beraterin. Ihr Beruf ist gleichzeitig ihre Gemeindeaufgabe – sie ist Therapeutin in einem christlichen Beratungszentrum und berät Singles, Ehepaare und Familien. Sie ist verheiratet und hat drei Kinder. Der Jüngste ist gerade aufs College gegangen. Wie sie in Kapitel eins selbst sagt, war sie im letzten Jahr extrem gestresst. Wir trafen uns morgens zum Frühstück vor ihrer ersten Beratungsstunde – und wir redeten so lange miteinander, dass sie sich um ein Haar verspätet hätte!

Helen traf ich, als sie aus einer anstrengenden Krisensitzung der Krankenhausleitung kam. Sie lebt in einer kleinen Stadt, wo ihre Familie ein großes Geschäft besitzt. Dadurch ist sie wirtschaftlich unabhängig und kann ihre Zeit für ehrenamtliche Tätigkeiten zum Wohl anderer einsetzen. „Anderenfalls käme ich mir Gott gegenüber undankbar vor", meint sie. Sie hat verschiedene Ämter in ihrer Stadt und Kirchengemeinde inne und ist Geschäftspartnerin in zwei Unternehmen: einem kleinen Geschenkeladen, der zur Belebung eines heruntergekommenen Altstadtviertels beiträgt, und in einem anderen Betrieb, der alte Häuser kauft, restauriert und wieder verkauft. „Ich frage mich, inwieweit ich anders lebe als andere." Helen war seit vielen Jahren geschieden und hat ihren Sohn allein großgezogen. Ein paar Monate vor unserem Interview hat sie wieder geheiratet. Ihr Sohn ist gerade dabei, seinen Führerschein zu machen.

Das Interview mit *Martha* war ein Glücksfall. Gail hatte mir schon gesagt: „Du musst unbedingt mit Martha sprechen. Sie leistet mehr als wir alle zusammen!" Obwohl sie so einen ausgebuchten Terminkalender hat, nahm sie sich viel Zeit für mich. Von ihr hörte ich zum ersten Mal den Rat: „Schieß die Enten im Flug." Martha war 25 Jahre Missionarin in Korea gewesen. Sie arbeitete dort als Journalistin, Lehrerin und Schriftstellerin. Seit ihrer Rückkehr nach Amerika arbeitet ihr Mann als Gemeindepfarrer, und Martha leitet ein christliches Erholungsheim. Von den vier Kindern ist ein Sohn wegen seines Studiums in eine fremden Stadt gezogen, ein Kind wohnt noch zu Hause, eine Tochter ist bereits verheiratet, und die andere steht kurz vor der Hochzeit. Außerdem haben Martha und ihr Mann die Pflegschaft für zwei Teenager übernommen.

Maxine ist in ihrem Leben um die ganze Welt gereist. Nebenbei arbeitet sie als medizinisch-technische Assistentin und geht morgens sehr früh zur Arbeit. Dadurch hat sie Zeit für ihr Engagement in verschiedenen Komitees. Ihr Interesse reicht von der Weltmission bis zum Stadttheater; sie sitzt in dem Ausschuss einer Bank und ist Vertreterin der Schule ihres Bezirks. Gleich nach unserem Interview setzte sie sich an die Nähmaschine und nähte die Kostüme für eine Theateraufführung in ihrer Stadt. Seit zweiunddreißig Jahren ist sie verheiratet und hat drei Söhne, die ihr Studium bereits abgeschlossen haben. „Sie besuchen mich aber immer wieder sehr gern."

Nancy war drei Monate vor unserem Interview nach 30-jähriger Ehe Witwe geworden. Sie ist ausgebildete Journalistin, blieb aber zunächst zu Hause bei ihren Kindern, bis sich die Rechnungen für deren Studium türmten und sie wieder mit dem Arbeiten begann.

Heute leitet sie eine Unternehmensberatungsfirma. Es war die Firma ihres Mannes. Als er merkte, dass er durch seine fortschreitende Krankheit viele Tätigkeiten nicht mehr ausüben konnte, machte er seiner Frau den Vorschlag, diese Aufgaben zu übernehmen. „Was ich anderen beibringe, müsste ich doch auch dir vermitteln können. Ich unterrichte dich, wie man unterrichtet!" Seither leitet sie das Geschäft. Nancy versucht mit ihrem Kummer fertig zu werden, indem sie sich Freunde und Freundinnen einlädt, alte Menschen besucht und weiterhin in ihrer Gemeinde am Ort sehr aktiv ist.

Shirleys Mann war bei der Marine. Darum war sie daran gewöhnt, ihre vier Kinder mehr oder weniger allein zu erziehen. Auf eine Scheidung war sie allerdings nicht gefasst. Der Jüngste war damals fünf. Notgedrungen zog sie wieder zu ihren Eltern und nahm erstmals eine Arbeitstelle an. Sie arbeitete in der Firma ihres Vaters. Er übergab ihr einen Teilbereich, den sie auch zeitweise zu Hause bei ihren Kindern bearbeiten konnte. Später baute sie diesen Teil der Firma aus und wurde eine selbstständige, erfolgreiche Geschäftsfrau. Das Besondere an ihr ist, dass sie und ihre Kinder vor kurzem Christen geworden sind. „Gott hat es geschafft", schmunzelte sie. Ihr Problem ist, dass das Geschäft schneller wächst, als sie und ihre Angestellten die viele Arbeit schaffen können, und das ausgerechnet jetzt, wo sie mehr Zeit für ihre wachsende Familie zur Verfügung haben möchte.

Anmerkungen

Kapitel 2: Ohne Stress leben

1. Siehe Sandra Simpson leSourd: *The Compulsive Women*. Old Tappan, New York: Revell, 1987. Die Autorin ist eine ehemalige Miss Amerika und berichtet, wie sie unter vielen Zwängen gelitten hat, bis sie die Kraft fand, sich von ihnen zu befreien.
2. Bruder Lorenz: *The Practice of the Presence of God*. Old Tappan, New York: Revell, 1958, S. 37–38.
3. Ebd., S. 51.

Kapitel 3: Schwermütige sind schwer zu ertragen

1. Frederick Buechner: *Wishful Thinking*. New York: Harper & Row, 1973, S. 2.
2. Das ist ein Ausspruch von Mark Twain. Wörtlich sagte er: „Always do right. It will gratify some people and astonish the rest."
3. Catherine Marshall: *Something More*. New York: McGraw-Hill, 1974, S. 38.
4. Ebd., siehe Kapitel 3 die ausführliche Behandlung des Themas Vergebung.
5. Zum Thema: Beiderseitige Vergebung siehe David Augsburger: *Caring Enough to Forgive/Caring Enough to Not Forgive*. Scottdale, Pennsylvania: Herald, 1981.
6. Buechner, S. 29
7. David Seamands: *Healing of Memories* (Heilung der Erinnerungen). Wheaton, Illinois: Victor, 1985, und *Healing for Damaged Emotions* (Heilung der Gefühle). Wheaton, Illinois: Victor, 1981. Agnes Sanford: *The Healing Light* (Das heilende Licht). New York: Walker, 1986. Lewis B. Smedes: *Forgive & Forget*. New York: Pocket Books, 1984.

8. M. Scott Peck: *People of the Lie*. New York: Simon and Schuster, 1983.

9. Ken Wilson: *How to Repair the Wrong You've Done*. Anne Arbor, Michigan: Servant, 1982.

10. Oswald Chambers: *My Utmost for His Highest* (Mein Äußerstes für sein Höchstes). New York: Dodd, Mead, 1979, September 15 and Juli 1.

11. John Baillie: *A Diary of Private Prayer*. London: Oxford University Press, 1965, S. 119.

Kapitel 4: Eine Schleuder und fünf glatte Steine

1. Amy Carmichael: *Rose from Brier* (Wildrose). Fort Washington, Pennsylvania: Christian Literature Crusade, 1973, S. 10.

2. Erwachsene, die in gestörten und asozialen Familien aufgewachsen sind berichten in *Tools for Recovery*, 1201 Knoxville Street, San Diego, California.

3. Elizabeth Goudge: *The Scent of Water*. Greenwich, Connecticut: Crest, 1965, S. 72.

4. *The Way of a Pilgrim*, übersetzt von Helen Bascovcin. New York: Doubleday, 1979, von einem unbekannten russischen Bauern im neunzehnten Jahrhundert geschrieben. Das Buch zeigt einen Weg zum Gebet ohne Unterlass.

Kapitel 5: Das tue ich doch alles nur für dich, Schatz!

1. Kimberlee Anne Burdick: *Little Red Wagon* (Kleiner roter Wagen), nicht veröffentlicht. Mit freundlicher Genehmigung der Autorin.

2. Viele gute, humorvolle Bücher geben Anleitung zum schnelleren und leichteren Saubermachen. Unsere Familie richtet sich unverdrossen nach *Speed Cleaning* von Jeff Campbell und dem Putzteam von San Francisco. New York: Dell, 1987.

3. George R. Bachs und Peter Wydens: *The Intimate Enemy; How to Fight Fair in Love and Marriage*. New York: Avon, 1976.

Kapitel 6: Entwerfen Sie einmal ein Idealbild von sich selbst

[1] Dag Hammerskjöld, *Markings*. Übersetzt von Lief Sjöberg und W. H. Auden. New York: Alfred A. Knopf, 1966, S. 17.
[2] C. S. Lewis: *Letters to An American Lady* (Briefe an eine amerikanische Lady), ed. Clyde S. Kilby, Grand Rapids, Michigan: Eardmans, 1967, S. 51.
[3] Richard N. Bolles: *What Color is Your Parachute*. Berkeley, California: Ten Speed Printing, 1990.

Kapitel 8: Du bist du!

[1] Myers-Briggs: *The Myers-Briggs Type Indicator*. Consulting Psychologists Press, Palo Alto, California 1962.

Kapitel 10: Den Tag in den Griff bekommen

[1] Gordon MacDonald: *Ordering Your Private World*. Nashville, Tennessee: Nelson, 1985, Kapitel 7.
[2] Ebd., S. 8.
[3] Alan Lakein: *How to Get Control of your Time and Your Life*. New York: New Maerican Library, 1990. Siehe besonders Kapitel 9 und 10, wo dieses Thema näher behandelt wird.
[4] Ebd., S. 71.

Kapitel 11: Tipps, die das Leben erleichtern

[1] Siehe Shirley Dobson und Gloria Geither: *Let's Make a Memory*. Waco, Texas: Word, 1983.
2. Für weitere Putztipps lesen Sie Jeff Campbell und das Putzteam von San Francisco: *Speed Cleaning*. New York: Dell, 1987.
3. Siehe Doris J. Longacre: *Living More with Less.*. Scottdale, Pennsylvania: Herald, 1980.

Kapitel 12: Achtung: Unterbrechung!

1. Michael LeBoeuf: *Managing Time Means Managing Yourself*, The Management of Time: The Art and Science of Business Management, ed. A. Dale Timpe. New York: Facts on File Publications, 1987, S. 31–32.
2. Don Aslett: *Clutter's Last Stand*. Cincinnati, Ohio: Writer's Digest Books, 1984.
3. Basil the Great of Caesarea, c. 365.
4. Abraham Joshua Heschel: *The Wisdom of Heschel*, herausgegeben von Ruth Marcus Goodhill. New York: Farrar, Straus and Giroux, 1975, S. 3.

Kapitel 13: Ein Wort zum Thema Geld

1. Larry Burkett und Ron Blue haben ausführlich über persönliche Finanzen geschrieben und bieten Arbeitsbücher an, die Christen helfen sollen, sich einen vollständigen Überblick zu verschaffen. Siehe auch Ken Wilson: *Your Money – Frustration or Freedom*. Wheaton, Illinois: Tyndale, 1979; und Gary D. Moore: *A Thoughtful Christian's Guide to Investing*. Grand Rapids, Michigan: Zondervan, 1990.
2. Jim Fain: *U.S. teilt sich in ganz Reiche und ganz Arme*. St. Petersburg Times, 11. September 1990.
3. Marilyn Geewax: *Living above our Means*. Alternatives 15, Nr. 4 (Winter 1989), S. 7–9.
4. Lisa W. Foderaro: *Ex-executives with Nowhere to Go*. St. Petersburg Times, 24, September 1990, zuvor erschienen in der New York Times.

Kapitel 14: Sich in einer unvollkommenen Welt zurechtfinden

1. Das Lebensmotto meiner Freundin Bonnie.
2. C. S. Lewis: *Surprised by Joy* (Überrascht von Freude). New York: Harcourt, Brace and World 1955, S. 213–14.
3. Gordon E. Jackson und Phyllisee Fous Jackson: *Pathways to Faith* (Schritte zum Glauben). Nashville, Tennessee: Abingdon, 1989, Kapitel 5 und 6.
4. Oswald Chambers: *My Utmost for His Highest* (Mein Äußerstes für sein Höchstes). New York: Dodd, Mead & Company, 1979, August 28.
5. Ebd.,1. September.